天下文化
BELIEVE IN READING

科學文化 224

為什麼要戀愛

情愛、孤獨與人際關係

Wired for Love

A Neuroscientist's Journey Through Romance,
Loss, and the Essence of Human Connection

by Stephanie Cacioppo

史娣芬妮・卡喬波／著

張嘉倫／譯

為什麼要戀愛

情愛、孤獨與人際關係

目錄

前　言	愛情萬歲	005
第1章	社會腦	019
第2章	愛情激素	035
第3章	熾熱之情	055
第4章	戀愛機器	071
第5章	心心相映	087
第6章	愛慾之間	107
第7章	花都盟誓	123

第 8 章　　**一加一大於二**　　　　　　　　143

第 9 章　　**休戚與共，對抗孤獨**　　　　157

第10章　　**時間的考驗**　　　　　　　　183

第11章　　**痛失摯愛**　　　　　　　　　201

第12章　　**如何走出悲傷深淵**　　　　　213

結　語　　**成為更好的伴侶，成為更好的自己**　233

誌　謝　　　　　　　　　　　　　　　243

參考資料　　　　　　　　　　　　　250

獻 給 你

愛情萬歲

無可自拔的人啊！

拖你墜入愛河的，可不是地心引力！

—— 愛因斯坦

♥ 所有的單身男女啊

任誰看來，英國物理學家狄拉克（Paul Dirac）都稱不上是白馬王子的類型，不過，他是一位貨真價實的天才。事實上，狄拉克也許是繼愛因斯坦之後、二十世紀最傑出的理論物理學家。他是量子力學的先驅，並正確預測了反物質的存在。1933年，年僅三十一歲的狄拉克便榮獲諾貝爾物理獎。

話雖如此，反觀此名天才物理學家的個人生活，可謂如社交黑洞一般，同僚形容狄拉克——幾近病態的沉默寡言，並開玩笑的以「狄拉克」（the dirac）為單位，來測量他的談話速率：一小時一個字。

狄拉克就讀英國布里斯托大學時、和之後在劍橋讀研究所時，連半個親近好友都沒有，遑論談戀愛了。他只在意自己的研究，甚至還十分訝異其他物理學家居然把寶貴的時間拿去讀詩，在他眼裡，文學和科學可說是八竿子打不著。

狄拉克有次和另一名物理學家海森堡（Werner Heisenberg）參加舞會，狄拉克看著舞池中搖擺著身體的人群，心中著實不解此種奇怪的社交儀式意義何在？

狄拉克問海森堡：「你為何要跳舞？」

海森堡回道：「現場佳人如雲的時候，跳舞自然是一大樂事。」

狄拉克思索著海森堡的答案，好一段時間過後，又提出了另一個問題：

「海森堡，你如何『事先』預知現場會有佳人？」

1934年，狄拉克在友人的介紹下，認識了一名匈牙利中年婦女：維格納（Margit Wigner），小名「曼琪」（Manci）。曼琪與狄拉克幾乎可說是天差地別，她對科學一竅不通、個性外向且為人風趣；然而奇怪的是，她卻對這名離群少言的物理學家深感興趣，一眼就發現了連狄拉克自己都從未察覺的潛力。曼琪寫情書給狄拉克，但是狄拉克滿不在乎，反倒糾正起曼琪的英文，並批評她的外表。曼琪說，若諾貝爾獎有「冷酷無情獎」，狄拉克肯定會二度獲得諾貝爾獎。

話雖如此，曼琪並未放棄。她說服狄拉克花時間與自己相處，和她分享自己的夢想與憂懼。狄拉克開始漸漸軟化。某次他們長時間相處後分別，狄拉克萌生了一股自己全然陌生的感覺，讓他大感驚訝，他對曼琪說：「我想念妳，但我不懂自己為何如此，我從未在與人道別後，思念他們。」

最後，狄拉克與曼琪結成連理，相愛了半個世紀。在他的一封信裡，狄拉克告訴妻子，無論他多麼天賦異稟，她教會了他無法獨自學會的事，「我親愛的曼琪，妳讓我的人生發生了美妙的變化，你讓我更像個人。」

　　狄拉克的故事，正好說明了：愛的力量如何幫助我們發揮與生俱來的人類潛能，而本書的主題正是希望能深入了解愛的力量從何而來？如何發展？有何作用？我們如何利用此種力量強健身體、開拓心智？

　　關於此一主題，近年來變得益加複雜，如今在我們生活的時代，想好好維繫愛情，面臨了前所未見的環境壓力與挑戰。結婚率創下歷史新低，1950年美國單身成年人僅占百分之二十二，如今有半數成年人是單身。

　　不過，單身的人不見得都感到孤獨，正如我們即將討論到的，**獨身**（being alone）與**孤獨**（loneliness）仍然大有分別——那些並非出於自願、而是因環境使然而獨身的人，更易感到孤獨，其中也包括了諸多單親父母。根據美國2020年一項全國性調查指出，單親家庭的孤獨感高於其他家庭；蘇格蘭2018年一項調查顯示，三分之一的單親父母時常感到孤獨，另外有三分之一的人「有時」會感到孤獨。深陷孤獨如今如此普遍、並且有礙身心，許多公共衛生學家稱之為現今最大規模的流行病，不僅單身人士深受其害，不幸福的伴侶也備受影響。

　　如此對人際關係的渴求，也許正好說明了為何網路交友持續呈現爆炸性成長。2015年至2020年間，交友軟體營收從十六億九千萬美元躍升至三十億八千萬美元，而且預期2025年以前將再增長一倍。根據2020年第四季一項網路調查指出，近百分

之三十九單身、喪偶或離婚的網路用戶表示，自己曾於調查前一個月使用網路約會服務。

儘管我們設計出精密的新演算法來提供完美的伴侶，也有一些當真透過網路約會成功建立長期關係、令人欣慰的數據，但仍有許多人表示，約會在過去十年變得益發困難。雖然我們之中有些人成功找到愛情，但許多人仍在滑著手機，尋尋覓覓那個命中注定的人，感覺自己的完美絕配似乎近在咫尺，卻毫無頭緒如何找到對方、並建立聯繫。

♥ 約會恐懼症？

難道說現代愛情比以前更為高標？數位時代的約會與現實生活的約會，有何截然不同之處？你是否感覺潛在約會對象太少？還是恰恰相反，選擇對象太多？你撒的網愈多，就愈擔心自己的網子是不是出了問題。

一般看來總是認為，選擇是多多益善。但研究顯示並非如此：比起眾多選擇，人其實較偏好有限的選項，通常是八個選項到十五個選項之間。超過十五個選項時，我們就會開始感到無所適從。心理學家稱此為「選擇超載」（choice overload），但我比較喜歡稱其為「選擇恐懼」（FOBO），意謂害怕更好的選擇（fear of a better option）。

　　選擇超載也好，選擇恐懼也罷，不論稱呼為何，都讓人感到疲憊不堪。正因如此，對於約會市場上諸多單身男女而言，新冠肺炎疫情的爆發正好給了他們一個等待已久的藉口，閉門退居安全的獨身生活。然而，隨著疫情趨緩，部分單身人士開始萌生「約會恐懼」（FODA），也就是害怕再度開始約會（fear of dating again）。也許是因為必須在數位市場上，將自我價值包裝為商品被消費，這當中引發的疏離感讓他們受創太深；抑或是碰到太多次遭無視、或對方人間蒸發（ghost）的情況，讓他們受夠了尋覓愛情、卻總是功虧一簣的感覺。

　　想當然耳，並非人人的故事盡皆如此。雖然有人在疫情期間暫停了他們的尋愛之路，然而總體而言，約會軟體的使用量其實是向上成長的，畢竟大家還是希望透過網路，尋求與他人的連結。雖然解封後有許多人不願再開始約會，但也有許多單身人士躍躍欲試，一改過去的約會手法，希望最終能找到自己的真命天子或天女：有人改以性格類型來選擇（只和「符合所有條件」的潛在對象見面）；也有人以有如世界末日的方式來約會（把下一段關係當成最後一段關係）。

　　新冠肺炎疫情不僅對於極力對抗社交孤立的單身人士而言是巨大考驗，對於處在關係中的伴侶也是一大試煉，畢竟兩人的相處時間比以往有過之而無不及。正如經濟大蕭條、第二次世界大戰等全球危機發生時，疫情期間結婚率隨之下滑，甚至

低於疫情爆發前的低點。隨著生涯規劃因疫情受到擱置，情侶或夫婦只能放慢腳步，進而深入了解彼此——姑且不論這是幸或不幸。

　　根據一名劍橋數學博士生計算，伴侶關係在封城期間平均「老」了四歲——有些人想結束關係；文化評論家推測，已經觸礁的關係應該難以倖存於封城的壓力。據報導，離婚律師的電話在封城期間可說是響個不停。話雖如此，新冠疫情爆發數月後所進行的一項調查指出，半數的美國夫婦表示，共同隔離的經驗讓他們的關係變得更緊密；僅有百分之一的人認為他們的關係變得更糟。

竭力避免談戀愛？

　　新冠肺炎疫情凸顯了人類關係的堅韌彈性。儘管如此，現今的伴侶之間仍面臨諸多挑戰。數位科技興起，雖然帶來了各種社會益處，但對於人際關係而言，可說是喜憂參半，而這主要取決於我們使用科技的方式。數位科技讓人即便相隔兩地，仍能保持聯繫；然而，另一方面，即使兩人身處一室，我們隨身攜帶用以保持聯繫的裝置，有時卻可能會妨礙自己與伴侶的交流。三分之二的三十歲至四十九歲人士表示，當他們試圖與伴侶交談時，對方有時會因手機而分心。十八歲至二十九歲、

處於戀愛關係的人中，百分之三十四表示他們的伴侶使用社群媒體讓他們感到嫉妒、或對關係心生懷疑。

除了這些新挑戰之外，伴侶之間還面臨了親密關係的典型問題，像是權力鬥爭、欠缺戀愛感、缺乏溝通、不切實際的期望等。關係治療師指出，這些都是造成夫妻或情侶分手的主因之一。

上述種種挑戰，讓許多人幾乎決定要完全放棄愛情。根據美國皮尤民調研究中心（Pew Research）令人震驚的資料顯示，半數單身的美國成年人（多數為女性）如今表示他們甚至不想去約會。聯合國的研究也指出，單身生活在全球日益普遍，眾人都遍尋不得合適的伴侶。日本便是特別明顯的例子，當地有近半數想結婚的人表示，自己找不到對象。

親密關係的諸多發展趨勢，似乎對千禧世代影響最大。美國的千禧世代中，有百分之六十一的人目前並無配偶或伴侶。而正當千禧世代苦於尋找愛情之際，一群也許是約會市場上最年輕一代的單身男女，卻正極力抗拒戀愛。在美國西北大學教熱門課程「婚姻101」的臨床心理學家接受《大西洋月刊》採訪時表示，她有許多學生竭力避免談戀愛，「我一次又一次聽到學生告訴我，他們盡量不在大學期間墜入愛河，因為這可能會打亂他們的人生計畫。」

💙 愛情並非可有可無

　　我不僅是研究愛情的神經科學家，也是無可救藥的浪漫主義者。在此，我想強調的是：我們身處於社會變遷之際，而且有愈來愈多人選擇獨身並試圖遠離愛情，即便如此，我們更該抱持信心。世界確實正處於轉變的時刻，但是愛情也會隨之改變。愛情會蛻變成長——適應力是愛情最棒的其中一項特質。雖然愛情永遠可以針對個人量身打造，但我們必須謹記，愛情並非可有可無，它不是一種選擇，不是生活中可捨去之物，而是生理需要。

　　我的腦科學研究讓我深信：健康的愛情生活如同營養的食物、運動、或潔淨的水，對個人福祉至關重要。演化專門塑造了人類的大腦和身體，來建立長久的親密關係，並從中受益。當關係產生摩擦或斷裂時，會對我們的身心健康帶來極嚴重的後果。我的研究顯示：人不僅為愛而生，而且如同狄拉克，沒有愛，我們便無法發揮生而為人的所有潛能。不論未來的社會生活將如何演變，愛必定是一切的基礎和基石。我在實驗室裡花費了數百個小時掃描、分析戀愛中人與失戀人士的大腦，才發現這一點。不過，直到我自己找到又失去人生摯愛、然後再重新發現愛之後，才真正理解愛的重要性與真實美好。

　　希望藉由本書，我們能一起解開愛的奧祕。不過，進入正題之前，得先確定當我們說到「愛」這個字時，實際上所指為何。雖然我也會在本書中討論其他類型的愛，如母愛、無條件的愛，以及對朋友、寵物、工作、運動的愛和人生目標等等，但是我主要的興趣在於浪漫愛情（romantic love）──那種經由選擇，將兩人緊緊聯繫在一起的無形連結，那種讓人的心撲通撲通跳個不停的愛，那種讓人神魂顛倒、想建立家庭或黯然心碎的愛（後續將會提及心碎可是千真萬確的）。

　　我的研究領域是「社會神經科學」，全面觀察、檢視了愛情，我們透過深入研究戀愛中的人的大腦，發現此一複雜的神經生物學現象，不僅會活化哺乳類大腦的快樂中樞（pleasure center），還會刺激我們的認知系統──亦即大腦的構造裡演化程度最高、智力最發達的部分，我們用以獲得知識、了解周圍環境。

🤍 愛是什麼？

　　話雖如此，人們其實鮮少求助於神經科學，來幫助他們理解諸如愛之類的偉大神祕又深刻的事物。我們通常從詩歌尋求慰藉，英國女詩人白朗寧（Elizabeth Barrett Browning）以一行詩的長度，便掌握了愛難以言喻的感覺，她的詩娓娓細述：「我

將用畢生的呼吸、笑容與淚水，來愛你。」美國女詩人安傑羅（Maya Angelou）則是將所有尋找愛情的人，優雅的形容為「喜悅的流亡者」、「盤繞著孤獨」之人，等待愛情「將我們解放、獲得新生」。

只不過，談到愛的定義時，詩人也許詩意過了頭。以法國詩人暨小說家雨果（Victor Hugo）為例，對於「愛是什麼？」這個問題，他避而不談，只運用了令人眼花撩亂的文學技巧來闡述：「我在街上遇到了一名窮困潦倒的年輕人，他戀愛了，他的帽子破舊，他的外套磨損，水流過他的鞋，星辰穿透了他的靈魂。」或者，像是愛爾蘭詩人暨作家喬伊斯（James Joyce）在《尤里西斯》裡這句別具寓意的名言：「愛就是愛上愛。」（Love loves to love love.）

這些描摹，在字裡行間自然是興味盎然，但是做為愛的定義，幾乎說不上是完整。科學研究方法必須講求精確，近乎外科手術般精準。科學家想要研究愛情，就必須深入剖析，不僅要確定「愛是什麼」，還要確定「愛不是什麼」——愛是情感、還是認知？愛是原始衝動、還是社會建構的行為？愛是天然興奮劑、還是危險的藥物？

有時，我們會發現答案「兩者皆是」，有時卻是「兩者皆非」。而當我們無法快速果決的判定結果時，認真的科學家會繼續抽絲剝繭。

好的科學家不僅需要定義所用的專有名詞，還必須設定邊界條件（boundary condition），意即研究不適用於愛的定義的情況——不是兩情相悅的愛，還是愛嗎？沒有情慾的愛，還是愛嗎？人真的可以同時愛上兩個人嗎？

一旦有了清楚的界限來明確定義愛是什麼，我們便可開始研究愛如何運作，甚至可以驗證一些關於愛的古老諺語，是否具有任何科學的效度：愛情果真是盲目的嗎？一見鍾情真有其事嗎？愛過又失去，真的比從未愛過更好嗎？

將愛放置於顯微鏡底下以後，我們便開始產生（並回答）從未想過要問的新問題——為何戀愛中的人較少感到痛苦？為什麼他們更容易從病中康復？為何他們在某些方面更具有創造力？為什麼他們更善於解讀肢體語言或預測他人的行為？

反之，正如我們評估愛情的益處一般，我們也能檢視愛情帶來的風險和危險——人為何不愛了？為什麼失戀如此痛苦？我們如何修復破碎的心？

♥ 幫助你尋找及維繫所愛

我將在本書中，利用我本身的研究，和來自社會學、人類學、以及經濟學等學門的同儕研究，與大家分享現代科學對人性最古老的其中一面有何看法。我將透過對腦部的深入研究，

來檢視人內心的議題，並提供一些過去案例做為參考，這些案例主要來自我的病人、家人、我曾遇過的情侶或夫婦，他們的親身經歷都體現了愛情運作的強大特質。

但這本書主要的「個案研究」是我自己的故事，分享個人故事某種程度上有違我的本性，我向來害羞且注重隱私，書中提及的部分私事，甚至連我最親密的好友可能都前所未聞。我人生很長的一段時間裡，唯一的真愛就是科學，我以為自己永遠不會在實驗室以外的地方體驗到愛；然而，正如狄拉克，我在無意間找到了愛情——起初我對此感到困惑，到後來失去所愛，就活不下去。

三十七歲時，在機緣巧合之下，我遇到了人生摯愛。我倆談起了遠距離戀愛，後來在巴黎結婚，最後成為形影不離的愛侶。我們一起旅行、工作、跑步、購物，甚至一起刷牙。若把我們七年的婚姻換算成正常夫妻的相處時間：一般夫妻每天醒來的時間裡，通常相處大約六小時，那麼我們結婚的時間感覺相當於二十一年。我們深愛在一起的每分每秒，從未察覺時光流逝——我們實在太幸福了，直到時間不再站在我們這邊。

從前的我，只懂得從科學的角度看待愛情，但我先生教會了我用人性的目光來看愛。眼光轉換之後，我的日常生活和學術研究也徹底轉變。

　　因此，我不僅想藉由這本書闡述個人的科學研究，也希望
能分享個人故事背後的科學理論，除了希望幫助人家理解人際
連結的本質之外，也期許能為閱讀此書的您，帶來些許靈感，
幫助您在生活中尋找及維繫所愛。

第1章

社會腦

寫在雲端的愛，

肉眼不可見，唯有心知道。

——艾菈‧費茲傑拉（Ella Fitzgerald）演唱

🩶 用心愛你？用腦愛你？

如果我們用反映科學現實的方式，重寫典型的結婚誓詞，會發生什麼事呢？「親愛的，從今以後，我發誓用全部的大腦來愛你。」為了使這些話準確符合人體生理結構，我們剝奪了當中的浪漫色彩。

至於羅曼蒂克一點的版本、真正的版本、任何新郎或新娘牽著心愛的人的手時，心知要說的話是：「我發誓會全心全意愛你。」

談到愛時，我們最常提及的器官是心，而不是大腦。若把兩者倒過來說，把「你偷走了我的心」這個句子變成「你偷走了我的腦」，原本聽來感性的愛的言語，便猶如被翻譯成某種荒唐、幾近怪誕的話。如今，我們已知大腦是主管情緒和認知的器官，並掌管我們戀愛與維繫愛情的能力；既然如此，為何我們的語言仍未反映現實？為何我們仍將愛情和激情視為「心事」？

依我之見，想要真正理解愛情，首要之務必須將愛從人類史上大多存在之處重新安置，換言之，我們必須打破愛與心的古老連結。

這當然絕非易事。《牛津英語大辭典》裡關於「心」的詞條解釋，高達驚人的一萬五千多字，多數是用「心」來形容愛

或形容其他情感、感受或思維過程的範例。例如，失去所愛之人令人感到「心碎」（heartbroken）；修改重要決定是「改變心意」（change of heart）；臣服於恐懼是感到「灰心」（lose heart）；待人親切和善是「心胸寬大」（have a big heart）。儘管我從事社會神經科學研究，我得承認自己也用了諸多類似的表達方式──說不定我「內心深處」（at heart）是個詩人？

這些用語並非僅限於英語，幾乎所有其他語言中，都有類似的說法。這至少可追溯至西元前二千四百年，當時有一句話刻在金字塔內，意思是「在喜悅中展開其心」（spreading wide his heart in joy）。西元前約一千八百年的《吉爾伽美什史詩》和西元前約四百五十年的儒書，也出現過類似用語。但是，若想在古時候找到關於大腦的同類詩歌，只能先祝您好運了。

不過，話雖如此，我們大多數人並未意識到的是：這些表達用法其實並非隱喻，而是某種人為製品，遠及至亞里斯多德時代。當時世上所有人都深信我們的感受並非源於頭腦，而是來自胸臆之間。科學史學家用了一個聽來煞有介事的名稱，來稱呼此信念：心臟中心假說（cardiocentric hypothesis）。它的起源類似地心說（geocentrism）──即現今已知的謬誤觀念，以為地球是宇宙的中心，而太陽和其他行星皆繞著地球轉。生活在現今有望遠鏡和太空船的年代，這些觀點在我們看來似乎有點愚昧，但在從前，卻是符合人們日常所經歷的現實：太陽似乎在

天空中移動，而地球從各方面看來都是靜止不動的。

　　同樣的常識思維讓人相信：我們的思想來自心中。試想當您感到興奮時的感覺——心臟會跳得更快，呼吸變沉重，胃感覺收緊。此時的大腦呢？以「感覺」而言，大腦就在原處，安靜得一動也不動。

　　亞里斯多德在尋找心智的核心之處時，注意到了失去心跳常伴隨著瀕死經驗。因此，他十分重視心臟、血液和血管。根據他的心臟中心觀點，心負責了人的思維和感受。亞里斯多德還注意到大腦有別於其他臟器，觸感較冰涼。因此，他推斷大腦的功能不過如同身體的空調，負責調節「心臟的熱能和激動反應」，而心臟在他眼中，才是所有感官的真正「來源」。（有趣的是，近期研究顯示，亞里斯多德的論點並非全然錯誤。科學家發現，雖然我們的心臟可能無法控制大腦，但各個器官會透過荷爾蒙、壓力波，彼此不斷作用。）

💙 愛情源自何方？

　　儘管亞里斯多德以心臟為中心的觀點，在古希臘時代蔚為主流，但是仍有其他當代和之後幾世紀的人抱持不同觀點，例如哲學科學家埃拉西斯特拉圖斯（Erasistratus）、希羅菲盧斯（Herophilus）和蓋倫（Galen），他們認為人類基本的情緒、理性

思考、意識、甚或是愛情等神祕現象，並非源自心臟，而是頭腦。然而直到文藝復興時期，大腦在人體解剖構造中的確切作用仍是未決的問題。正如英國文豪莎士比亞在其劇作《威尼斯商人》所言，「告訴我愛情源自何方？來自心房？還是腦海？」（Tell me where is fancy bred. Or in the heart or in the head?）

　　文藝復興時期的代表人物達文西，也對大腦的奧祕頗為好奇。約翰霍普金斯醫學院的佩夫斯納（Jonathan Pevsner）教授曾發表過數篇關於達文西對神經科學貢獻的論文，據他指出，達文西將大腦視為心智之所在，是所有感官的中心，也是接收、處理和轉譯資訊的「黑盒子」。1494 年左右，達文西繪製了三幅草圖，假設我們的感官、抑或他所謂的常識（senso comune）匯合於腦室。腦室如同縱橫交錯、充滿腦脊髓液的凹地，可保護大腦不受物理衝擊、並可輸送營養和清理廢物。

　　達文西在追求知識的過程中，達到了藝術與科學的完美平衡，他對大腦的概念亦是如此。他相信「肉眼所見」的視覺資訊主要「經由主腦室處理，來幫助我們解讀世界」。此外，達文西也進一步探究大腦其他層面，從血液供應到腦神經等各方面不等。雖然後來神經科學家發現，人類的心智功能運作關鍵主要在於大腦物質，而非腦室，但是達文西驚人的直覺推測，依然成功拓展了我們對大腦的認識。

　　幾世紀過去，後繼接連有諸多研究先驅，建立起了關於大

腦的現代觀，使達文西的願景更臻完整。他們也於神經科學史頁上流芳百世，像是十六世紀的維薩留斯（Andreas Vesalius）、十八世紀的義大利醫帥賈法尼（Luigi Galvani）、十九世紀的法國醫師布羅卡（Paul Broca）、二十世紀的「神經科學之父」卡哈爾（Santiago Ramón y Cajal）。他們有人解剖了大腦，以了解其中構造；有人將墨水注入血管染色，以顯示大腦和身體之間的關聯；有人在檢查了局部性腦傷的病人後，推斷出大腦不同區域的功能。這些人是現代神經科學家的先進，亦即我輩中人的前輩。

💙 外形如高麗菜的神奇大腦

在我芝加哥大學的神經科學課上，我有時會推著一個玻璃罐走進講堂，裡面裝著輕漂於福馬林中的人腦，是我從神經生物學系借來的標本。神經生物學系多年來蒐集了許許多多大腦標本，都是由熱愛科學的捐贈者慷慨捐贈給校方。多虧了這些捐贈者，讓我能為學生提供獨特的機會，親自在現實生活中近距離觀察教科書已有仔細描述的器官。我一邊分發乳膠手套，一邊問：「誰想摸摸人腦？」

九成的學生會踴躍舉手，其餘的人只想從旁觀察，或者他們會事先與我商量好跳過這堂課。大多數學生對於有機會接觸

大腦都驚歎不已，試想自己的頭裡裝著這個光滑的器官，支配著自己的身體和心智。而像我這樣的科學家，算是才剛開始深入了解大腦的運作方式。

話雖如此，並非班上所有人看到人腦都會眼睛為之一亮。

「只有這樣而已？」班上一個女孩如此問道，當時我戴著手套的雙手，正將大腦標本遞給她，一時之間，我臉上的笑容變得局促，猶如米其林星級餐廳的服務生，戲劇性的將餐盤上的蓋子掀開後，結果只露出了一顆小番茄般困窘。女孩說：「我不曉得……我以為大腦……應該會令人更印象深刻一點。」

某種程度上，我可以理解她的失望，畢竟我教導她大腦是宇宙中最強大、最複雜的器官；但坦白說，現在她所面對的物體看來有點淒涼，是一坨粉紅與灰色交織、皺褶滿布的肉團，長約六英寸，重約三磅，泡在福馬林中，彷彿一顆水煮高麗菜。

但是，且讓我們將它切成兩半，把左腦和右腦分開。我們會從中看到什麼？皺摺的外表之下是一層平滑的灰色組織，又稱「灰質」（gray matter）。灰質富含神經元，而神經元是組成大腦的神經細胞，負責一切工作，從資訊處理、身體活動到記憶等等。

人腦擁有為數眾多的神經元，高達八百六十億，但是我們所謂的智力，並非全然來自大量的神經元。事實上，正如著名的神經科學家葛詹尼加（Michael Gazzaniga）指出，腦部大部分

的神經元（約六百九十億個）位於小腦。小腦是位於大腦底下的一小塊區域，負責協調身體的平衡和運動控制。而人的複雜思維和其他人性特質，則是由整個大腦皮質（cerebral cortex）負責，「僅」含一百七十億個神經元。

相較於腦部神經元總數，更重要的是腦部不同區域之間的聯繫。連結性（connectivity）是大腦深處、灰質覆蓋之下較厚的神經絲區域的特色，這區域又稱「白質」（white matter），是大腦的資訊高速公路，負責連結大腦各區域，形成強大的腦部網絡，並形塑我們有意識和無意識的體驗。近年來，我的神經科學家同僚已辨識並精確繪製出負責各種功能的大腦網絡，從動作技能、視覺感知、再到語言等等，而我的貢獻則是發現了負責人類獨有的愛情體驗的腦部網絡。

人類身為一個物種，之所以擁有無與倫比的技能，主要取決於腦細胞之間結締神經纖維的數量與品質，並非腦部大小。而且，我們擁有為數不少的結締神經纖維。事實上，若拆解一個二十歲青年大腦中的所有白質，會發現這些細絲的長度超過十萬英里（相當於十六萬公里），或是約四倍的地球周長。如今，為了設計出眾人視為未來運算的人工神經網絡，部分世上最優秀的計算機科學家，正在研究如此緊密連結且經濟的生理系統如何運作。這些科學家對於大腦的功能和能源效率讚嘆不已：自然演化究竟如何孕育出一個可儲存相當於一百萬GB資

訊（相當於四十七億本書或三百萬小時您最愛的電視節目）的裝置，但同時僅需使用一顆十二瓦燈泡的能量！

不過，我認為密密麻麻的神經線路僅能解釋大腦如此強大的部分原因。除了腦內重要的**連結性**之外，我們還仰賴大腦之間的無形連結。在此，我指的是我們的社交生活，不僅是與親朋好友的來往，還有與陌生人、批評者或競爭對手的互動。比起任何單一因素，所有此類社會活動對我們今日所擁有的大腦的設計和功能，更影響深重。

如同本書許多其他故事，我們的**社會性**塑造了今日你我所擁有的大腦，而在這曲折、神祕又美麗的過程中，核心要件便是愛情。

🤍 愛情造就了大腦

故事始於數百萬年前的非洲東部，兩名人類最早的靈長類祖先 —— 我們姑且稱他們為伊森（Ethan）和葛芮絲（Grace），他們的戀情最初出自於生理需求。然而，在兩人結合之後，伊森和葛芮絲決定繼續生活在一起；然後，葛芮絲產下了兩人的孩子，然而，比起其他哺乳動物，他們的幼兒在出生的頭幾年並沒有照顧自己的能力。除了找出保護兩人後代的方法之外，他們還得花時間採集覓食，以滿足本身的飲食需要。然後，為

了消化生食、並儲存足夠的能量生存下去，他們每晚必須睡上數小時。應付這些工作需要社會協調能力，突然之間，伊森無法只想到自己，他必須從葛芮絲的角度看世界，才能預期她有何需求。

伊森和葛芮絲對彼此萌生了強烈的喜愛，生物學家稱此種關係為「配對連結」（pair bond）。然而，在演化史上某個時刻，他們的後代在社交方面出現了巨大進展。他們調整了自己用來建立關係的技能（換位思考、規劃、合作），將其轉化為一般能力，藉此和其他非交配對象、以及非其後代的靈長類動物建立連結。換言之，他們交了朋友。

這些早期人類之所以需要朋友，是因為他們在食物鏈中處於弱勢。他們無法飛翔，沒有保護色或保護殼甲，缺乏動物界其他物種的力量、速度和匿蹤能力，大部分的時間都在搜尋食物和躲避掠食者。事實上，他們擁有的只有異於尋常的建立關係的天賦，一種在自然界最複雜環境「社交世界」中生存的特殊技巧。

這簡直相當於一種超能力了。類人猿靈長類動物演化的萬古年間，將證明此種能力比他們可相對的拇指、製作工具的技能、或直立行走，更為關鍵。隨著生存競爭和氣候變遷讓地球生活更形艱難之際，部分物種難以生存，但這些困境卻有利於早期人類發展出的優勢。

　　社交技能幫助他們建立了複雜的群體，最終建構了以互助為基礎的社會。人學會了如何分辨敵友、躲避掠食者、預測鄰人的行為、將長遠利益置於短期慾望之前、使用語言交流；以及管理受女性排卵期影響、還有由情感和同理心等不同因素形塑的交配關係。最後，他們學會信任，並說出「我愛你」這三個字。

💎 智人是天生的社交好手

　　根據英國人類學家鄧巴（Robin Dunbar）於 1990 年代提出的社會腦假說（social brain hypothesis），社會所有的複雜問題促使大腦演化發展，讓我們變得更聰明。儘管人類大腦一開始只比黑猩猩大沒多少，但隨著我們的社交技能增長，腦部的新皮質（neocortex）也隨之增加。此外，大腦的語言區域和抽象思維區域也蓬勃發展，這些高階的腦部區域不僅有所擴展，也與大腦其他部分更高度連結。從大腦的皺摺數——神經科學家稱之為卷積（convolution），來比較人類與狒狒等其他社交能力較不發達的靈長類動物，後者的大腦通常更光滑，皺摺更少，由此便能看出演化的差異。

　　大約七萬年前，伊森和葛芮絲遠隔的後裔、我們的同類人種——智人（Homo sapien），從東非遷徙至阿拉伯半島和歐亞大

陸，然後遇見了其他原始人，最出名的莫過於尼安德塔人。尼安德塔人是令人畏懼的敵人，他們身形更高大、強壯，視力更好，腦袋似乎略大於智人。然而，尼安德塔人和智人的腦神經架構具有決定性差異，尼安德塔人的腦部大部分區域主要分配給視覺和動作技能，因此尼安德塔人在體能上是天生好手；但智人卻是天生的社交好手，他們能理解他人的意圖，兩面考量選擇，並且更迅速從錯誤中汲取教訓。

　　這些優勢足以彌補智人在力量上的不足。結果，尼安德塔人和智人之間從未有過史詩般的演化結合。西元前一萬一千年時，我們已是唯一在世的人類物種。換言之，智人與他人互動的需求（首先是另一半，然後是朋友、以及我們所打造的社會和文明）造就了今日的我們，而此一過程就始於如伊森和葛芮絲般的情侶墜入愛河。

♥ 社會性動物的神經科學

　　社會關係不僅在整個腦部演化過程中，形塑了人類大腦，在個人整體生命歷程裡，也持續影響大腦發展。此點絕對值得再三強調，因為鮮少有人察覺到社會關係對我們大腦的影響。畢竟，我們當中有多少人在成長過程中，會認為社交有助於拓展心智？反之，我們可能把社交視為一種休閒，是學習或創作

之餘在休息時所從事的活動，對我們的智力發展並不那麼重要。

　　試想，若我們青春期的時候，就知曉了社會神經科學新興領域的最新發現，與父母的爭辯內容會多麼不同。「媽，其實我可以不用掛電話。研究顯示，建立和維持良好的社會關係，有助於我的大腦發展，讓我能更專注於對認知能力具挑戰性的工作，比方說上學。所以，媽，拜託！少管閒事！」

　　雖然聽來有些牽強，但這名年輕人的論點是有道理的。神經造影研究確實顯示出，額葉和顳葉（注：大腦左右半球的皮質各可分為四塊區域，分別是額葉、頂葉、顳葉、枕葉）、杏仁體（第 4 章會有詳細描述）等大腦的核心區域面積，與我們個人的社交網絡大小，息息相關。

　　其他的社會性動物（群居動物）研究中，也有類似的發現支持社會關係的價值。例如，單獨養在水族箱裡的一隻魚，相較於養在一起、相同魚種的魚群，那一隻魚的腦細胞複雜程度較低。沙漠蝗蟲若隸屬於蝗蟲群時，其腦部將成長高達百分之三十，非常驚人，原因大概是源自於額外的資訊處理需求，以適應更複雜的社會環境。黑猩猩在團體中學習使用新工具的速度，也比獨自學習快上許多。

　　我的研究領域揭露了社交世界對大腦發展的益處，自然也會顯示出社交對大腦帶來的風險。慘痛分手後的心痛（不，我指的是頭痛！）等社交痛苦，也會活化那些對身體疼痛有反應

的大腦區域，比如前扣帶皮質（anterior cingulate cortex）。研究已證實，表示自己有社交孤立感（常稱「孤獨感」）的人，他們大腦的關鍵社交區域裡，灰質和白質較少。若他們一直深陷孤獨，便很容易受到一連串神經系統事件影響，並反映於身體，導致諸多不健康的結果。所以，某些公共衛生專家如今已將慢性孤獨，視為如同吸菸一樣，會對健康構成嚴重威脅。

上述只是社會神經科學研究獲得的部分見解，社會神經科學研究了不同個體間的腦部聯繫（即我們的社會生活）對人腦和體內的運作發展有何影響。此學門源於1990年代，出乎意料的結合了所謂的軟科學與硬科學——即社會心理學和神經科學。社會心理學的研究人員仰賴外部行為觀察和具有可信度的主觀自我報告，而神經科學則是使用高科技掃描儀器，來一窺大腦內部，並精準描繪出腦內的激活區域。

在此之前，神經科學家曾單獨研究大腦，將大腦視為一種獨立的運算機器。此種將大腦比作機械裝置的趨勢，可追溯到十七世紀，當時法國哲學家暨科學家笛卡兒，在巴黎近郊的皇家花園看到水力發電的自動機械裝置，便認為人體運作方式類似這些裝置，且本質上具有複雜的生理機制。丹麥解剖學家斯坦諾（Nicolas Steno）更大膽求進，宣稱「大腦是一臺機器」，如同時鐘或風車一樣，想要深入了解它，最好的辦法就是將它拆解，仔細檢查，並考量其中各部分「獨立和彼此共同運作的

功能」。數個世紀過去，斯坦諾的比喻獲得了更新。1800年代，大腦被比作電報系統，可發送並接收來自身體各部位的訊號。二十世紀下半，大腦又被比作個人電腦：具有可儲存資料的記憶體，可處理資訊、執行指令的中央處理器。

♥ 神經可塑性

　　身為社會神經科學家的我們，進一步潤飾了此番比喻，我們認為大腦不只是典型的電腦，更像是具有無線寬頻網路、可連接其他裝置的智慧型手機。試想一下，iPhone 如果無法連上網或發簡訊，能有多大用處？我們的大腦也需要強大的連網能力，才能充分發揮潛力。而且，如同智慧型手機，連網能力既是優勢、也是罩門，可能容易被駭客入侵、塞滿不必要的應用程式、被令人分心或引發焦慮的資訊轟炸等等。

　　儘管如此，大腦也可以執行智慧型手機設計師夢寐以求的工作：大腦可以自行改寫重整，神經科學家稱此為「神經可塑性」（neuroplasticity）。

　　神經可塑性可謂真正的心智奇蹟，主要指的是：我們年輕時，大腦邊發育、邊修剪不必要的神經元的能力；以及隨著我們在人生中學習新事物，神經元網絡逐漸擴展，並形成新的連結；並且，還能修復或彌補因受傷或因時間耗損所造成的神經

損傷。而社交互動正是推動腦內發生這些重要變化的因素。

　　因此，我們與他人建立關係絕不是在浪費時間，也並非偶然發生的人類經驗，而是我們做為一個物種存在的真正原因。建立健康的人際關係，有益於大腦的健康——正如稍後的章節將會談到，可避免認知衰退、可激發創意，並加速思考。而這世上也許沒有比戀愛更強大的社交活動了，也沒有比戀愛更好的方法，可充分發揮大腦全部的認知潛能。

第 2 章

愛情激素

心靈是宇宙最偉大的奇蹟。

—— 榮格

我有時會心想，青少女時期的自己會如何看待我現在的生活。倘若那孤獨的女孩能從水晶球一窺未來，她將作何感想？我想像她看見巴黎某個秋高氣爽、日光明媚的午後，熱鬧的盧森堡公園充斥著各種聲響——栗樹的樹葉摩挲沙沙作響、聖敘爾比斯教堂傳來的鐘聲、還有遠處的手風琴家為遊客演奏的樂曲。草地上站了一小群人，他們手裡端著香檳，聽著一名男子致詞，男子頭髮花白，有一雙溫柔的淡褐色眼睛，看來十分自信，彷彿相當確信自己做了正確的選擇。他身旁站著一名成熟嬌羞但不失自信的長髮女子，身穿一襲簡潔的白色洋裝，手裡握著一束白玫瑰捧花，說著：「我願意。」

等等！這什麼情況？年少的我驚呼，這是我嗎？！我要結婚了！我幻想年輕版的史娣芬妮拿起水晶球拚命搖晃，認為水晶球肯定是哪裡出了問題。

♥ 研究戀愛的科學家

我從小便篤信自己這輩子注定孑然一身。打從開始研究戀愛相關的神經科學以來，我便認為獨身的自己彷彿別有興味的諷刺，一種鮮明矛盾的存在，很適合做為小酌時的聊天話題：「你看看我，在實驗室裡專門研究戀愛的科學家，在現實生活中卻從未談過戀愛。」

　　我告訴自己，單身讓我能成為更客觀的研究者：我可以研究愛情，卻不受愛情的力量主宰。有別大多數人，年輕時的我並不認為人想談戀愛是一件理所當然的事；反之，我將人對愛情的追求視為一種迷人、甚或神祕且尚待解釋的現象。而保持獨身不僅為我提供了進行研究的重要距離，還有大把時間可全心全力專注於研究上，因為我不用分神和男友通電話或約會。所以，我試著將獨身看作是自己的榮譽勳章，而非一種負擔。

　　仔細思量，打從我有記憶以來，便一直如此認定，並說服自己。

　　我出生於法國阿爾卑斯山一處小型滑雪勝地，之後在毗鄰瑞士邊境一處更小的城鎮長大。鎮上看來與雪球擺飾內的村莊沒什麼兩樣，有一座古老教堂、一家麵包店、一間圖書館、一所小學、一些溫馨舒適的房屋、以及山坡上的城堡遺址。夜晚我會在城堡觀星，猶記我躺在樹木環繞的草地上，視線越過被藤蔓纏繞的城堡牆簷，抬頭仰望夜空，尋找各個星座。我有時不太願意與學校其他孩子來往，但卻深深著迷於自己觀察到的星宿間的無形聯繫，天空彷彿變成了一幅巨型的天體壁畫。有一段時間，我以為自己長大想成為太空人。話雖如此，也許這也是我最後決定研究大腦的原因，因為大腦亦如同浩瀚宇宙一般廣闊。

　　若要播放我的童年配樂，幾乎可說是一片寂靜——也許時

不時穿插我看見流星時，低聲許願的聲音。我們家的配樂也是異於平常——法式薄餅平底熱鍋抹上一層有鹽奶油發出的嘶嘶聲。我父親是法國人，母親有義大利血統，因此，我們家對飲食充滿了無止盡的熱情。早上，我們拿可頌沾著大碗巧克力牛奶或咖啡歐蕾吃；晚上，我們吃著外婆做的義大利餃或義大利肉醬麵。

飲食與我家族息息相關，而家族與家人是最重要的一切，也是我成長過程中唯一擁有的社交生活。親戚來訪時，我們花時間談論飲食，準備食物，吃吃喝喝，或是在餐後去散散步，散步時我們談論的依然是——明天要吃什麼。那是一段簡單、快樂且備受保護的童年。

然而，從小開始，我就注意到自己和堂表兄弟姊妹之間略有隔閡。他們都有兄弟姊妹，他們自己或和其他孩子相處時，似乎都更為自在，也與彼此玩得很開心；但身為獨生女的我，自小便得學習如何快樂自處。我記得，自己曾在屋外待上數小時，在月光下看著星星或對著車庫打網球，一邊聽著他們在屋內玩耍的聲音。雖然我也一直希望能有搭檔與我對打，玩起來可能會更有趣，但我在網球撞擊牆壁的節奏中，找到了某種孤獨的幸福。在我的堂表親眼中，我是個奇怪的孩子，因為我花許多時間獨處，他們說我是夢想家、思想家，有時甚至認為我有問題。

38

💙 獨生子女的優勢與弱勢

孩子會透過觀察他人來學習，有時當周遭缺乏同儕或兄弟姊妹時，大腦可能會自行創造這樣的人物。

研究顯示，七歲前的孩子有三分之二會創造想像的朋友做為盟友，分享事物，獨身子女尤其擅長此點。此種想像力的飛躍，或許可解釋近期一項研究發現：獨生子女往往較善於「彈性思考」（flexible thinking），而且與創意和想像力相關的皮質區域——緣上回（supramarginal gyrus）也具有較多灰質。

雖然獨生子女具有跳脫框架思考的優勢，但相對在社會腦的發展，也存在著某些弱勢。獨生子女的前額葉皮質（prefrontal cortex）似乎具有相對較少的灰質；而前額葉皮質的灰質有助於我們抵抗誘惑、延遲享樂和處理情感資訊，包括判斷他人感受的能力。對某些孩子而言，此種差異可能導致他們對社交活動興趣缺缺；但是在我身上，情況卻恰恰相反，我深深著迷於人際往來的奧祕，對社交生活產生了濃厚的興趣，然而我鮮少參與，僅是做為旁觀者，從旁觀察。我不明白為何自己感到與眾不同、為何總覺得與社群格格不入、為何無法融入社交生活。隨著年歲漸長，我便對自己錯失的社交生活，愈感好奇。

只有一個人能讓我忘了自己，讓我覺得自己不是旁觀者，並帶給我真正的歸屬感，和她在一起時，我可以自在做自己。

她就是我母親的母親，我的義大利外婆雅琪姐，但我都暱稱她「婆婆」（Mémé）。我們常一起待在婆婆簡樸的廚房裡，她教我如何手工製作義大利麵疙瘩，她也會教我聽來搞笑的義大利方言，那是她少女時期居住在義大利北部、威尼斯和烏迪內之間的一座小村莊時所說的語言。

婆婆十分注重健康。她教了我一套運動，是一種古早的健身操，每早起床先躺在床上向上抬腿，然後轉一轉兩邊腳踝各三十次。時至今日，我睡醒後有時仍會抬起腿動一動，並微笑想起婆婆。

婆婆生於1911年——從我的角度看來，可說是很久很久以前。婆婆深信自己每日清早的例行活動是長壽與保持活力的祕訣。婆婆十分老派，且堅守傳統。身為移民，她從未用過什麼好東西，但她相當注重自己的外表：熨燙得一絲不苟的絲綢襯衫、精心織補的羊毛襪、以及古重珍珠串。

婆婆看待人生的方式有別於我大多數的家人。她的第一個女兒年僅四歲時，死於闌尾炎併發症，從此之後，我外婆就變了一個人。她告訴我，她每天都精心打扮，因為也許哪天一個突然她就走了。

婆婆儘管注重裝扮，卻不太化妝。她的臉如同歷經風霜而美麗的懸崖峭壁。她只用清水和法國南部以植物和橄欖油製成的溫和肥皂，來保養肌膚。

　　婆婆每週日都上教堂，她說教堂淨化了她的心靈。如同村裡的女子，她很早就結婚了，並相信自己締結了神聖的誓約。對她而言，愛是上帝的禮物，倘若感覺像是負擔，便得用恩典來承受。同時，對家人的愛是無條件的——她總是設法幫助有需要的人。

　　我是她的心肝寶貝，她孤獨的小孫女，總是愛問問題，需要額外的保護和更多的愛。婆婆非常疼愛我，甚至到了寵溺的地步，總想把一切都給我。婆婆如果當天沒來我家，晚上便會來電，像上了發條一樣準時，只想確保我每天都健康、快樂、受到妥貼照顧、安穩入眠。

♥ 我該如何應對悲傷

　　我九歲時，有天晚上，婆婆打電話告訴我母親，她隔天一早會從她住處的小鎮搭公車到鄰近城市，幫我買一件剛上市的保暖運動衫，她擔心我在寒冷的戶外打網球會冷死。我無意間聽到了她們的對話，莫名開始哭泣（這至今仍是我們家族的未解之謎），我哭得無可抑止，求她不要去，我尖叫著說我不需要運動衫，我只需要她。父母被我嚇得目瞪口呆，但我並非在鬧脾氣。大家直想，史妊芬妮到底怎麼了。

　　是日，父親提早到學校接我，還記得回家沿途，我們一路

沉默不語。回到家裡，父親要我坐下，深吸了一口氣，並說：
「婆婆走了。」她死於中風，婆婆在踏上公車的第一步時，腦部
血管爆裂。後來我發現婆婆的母親也死於同一種中風，但我不
解的是，一個孩子要如何理解這種事的發生。

　　現在，由於工作的緣故，中風對我而言，時有所見，而且
是巨細彌遺的檢視此病症。我可以想像血管堵塞引發的缺血性
腦中風、或腦血管破裂引起的出血性腦中風，各是什麼情況；
我已非常清楚各類型中風之間的細微差異，哪些有希望恢復，
哪些會讓人永久殘疾，還有哪些足以致命。

　　可我九歲的腦袋不可能明白這些事，而發生在婆婆身上的
事令人費解，讓一切變得更神祕可怕。回頭看來，我想婆婆的
中風，某種程度上影響了我整體的職涯發展以及我的世界觀。
多年來，我打從心底堅信，自己會遭遇和婆婆同樣的命運。我
想了解婆婆發生了什麼事，如此一來，我才能極力避免，同時
幫助其他人。所以，從非常小的時候，我便覺得自己找到了人
生目標。

　　然而，更直接的影響是：失去婆婆，凸顯出我的社交圈之
小，也加深了我的慌亂，因為現在我需要面對一種新的社會禮
俗：悲傷。九歲時，沒有任何關於「悲傷」的課程可供我了解
悲傷的含義，學校也沒有書能讓我閱讀學習如何面對悲傷。我
看著我的父母，他們試圖保持平靜，掩飾自己的情感，深怕我

被悲傷淹沒；但是，無法從他們身上學習應對悲傷的我，又沒有兄弟姊妹或朋友可以傾吐，渾然不知該如何應付此種洶湧襲來的陌生情緒，我每晚在房裡獨自哭泣，直到婆婆葬禮那天。

婆婆的葬禮舉行那天，我記得在教堂裡的自己感到茫然失措，我想表達對婆婆的敬意，想讓全世界知道我有多愛她。我看見多數坐在長椅上的成年人面無表情，但我的一個表親痛哭流涕，使我不禁心想：「我該哭得更傷心？還是更壓抑？」即便在那一刻，其他人的反應還是讓我大惑不解，我心裡非常疑惑，我很想知道對旁人而言，是否有任何直觀或本能的合宜禮節？

在我整個學生時代，那種做為局外人、旁觀者的感覺一直困擾著我。我終於還是交到了朋友，多半是男生或愛運動的女孩。學生時代的我骨瘦如柴，留著長直髮，膝蓋傷痕累累，頭戴網球髮帶，穿著五顏六色的運動鞋。我喜歡奔馳在足球場上或在樹林裡搭建樹屋。我喜歡速度，喜歡感受高山涼爽的空氣和皮膚上的汗水。我不只打網球，還在阿爾卑斯山滑雪，在山中的湖泊游泳；我騎馬、參加田徑隊跑步、踢足球。然而，不運動時，當其他孩子開始聊天，我便保持沉默，等待著彷彿從未到來的開口時機。

我仍然不太明白，為何社交生活對我來說猶如一團迷霧，但我確信，最大的謎團在家裡。

💙 一見鍾情

1942年,年輕插畫家貝內(Raymond Peynet)在法國南方小鎮一處別致的小公園裡閒逛,結果目睹了令他印象深刻之事。在以熟鐵搭建的演奏臺上,一名小提琴手正獨自為坐在附近長椅上的年輕女子,演奏小夜曲。女子眼睛明亮、雙頰羞紅,也神情專注回望著小提琴手。貝內就近目擊了法國人所謂「電光石火的瞬間」,即美國人所謂的「一見鍾情」。貝內提起筆在素描本上,畫下頭帶圓頂小禮帽、髮色深黑的年輕小提琴手,誘惑著身穿性感緊身洋裝、綁著馬尾的活潑年輕女子。

貝內也許是想像他們將共度的浪漫未來,便將這幅畫命名為《未完成的交響曲》,但是雜誌編輯將畫名改為《戀人》(Les Amoureux)。自此,傳奇畫作就此誕生。接下來的二十年間,貝內的《戀人》隨處可見:印在圍巾、郵票、婚卡、瓷盤、法航和巴黎拉法葉百貨的廣告上。他們的愛情感覺甜蜜但不黏膩,老派但又有點夢幻,最重要的是——非常法國。當兩人在雨中依偎於傘下,或在巴黎的長椅上鎮日親吻愛撫時,很理想的體現了這個專門出口愛情的國家情懷。

我在成長過程中,時常聽到貝內的《戀人》一詞,因為這是我父母的親近好友為他們取的綽號。他們認為我父母簡直媲美愛情小說的男女主角,從不吵架,總是牽著彼此的手,經常

長時間深情注視對方，看上去如此迷人，彷彿出自童話故事一般。我的父母如同貝內畫筆下的戀人，的確是在偶然相遇時，一見鍾情，只是誘惑我母親的不是小提琴，而是一隻名叫馬塞爾的邊境牧羊犬。

故事要追溯至1970年代初，當時我父親在公園裡遛狗，母親初次見到他。他們的目光交會，禮貌性的對彼此微笑。結果，馬塞爾硬拽著我父親，往我母親的方向衝去，興奮得喘著粗氣、並瘋狂舔著我母親的腳踝，若非如此，他們可能就這麼擦肩而過了。

「馬塞爾，不可以！」父親道著歉，並說：「牠平時不會這樣。」

「真的沒關係！」母親搔搔狗耳朵回道，然後笑得更開心了。他們開始交談，彼此靠得更近了些，馬塞爾放鬆下來，牠的任務已完成。臨別前，父親向母親要了電話號碼，邀請她下週六一起去跳舞。

母親肯定還滿喜歡父親的舞步，因為跳舞當晚，他們就一起回父親家了；不過除了長談數小時之外，什麼也沒發生。我的父母很有自己的想法、很酷——他們優雅、高瘦，而且畢竟當時是1970年代的法國，所以總穿著橘色喇叭褲，但同時也十分保守，所以他們直到六個月後結婚時才發生關係——這似乎解釋了那個年代的快速求愛是怎麼回事。兩年後，我出生了。

🩶 同貌相吸、異味相吸

正如我所發現，愛是一種錯綜複雜的現象，並以諸多深刻且神祕的方式，影響著我們的大腦。但是，我們渴望某人所感受到的那股吸引力，過程較為簡單，我們也十分了解它背後的生物和化學機制。

首先，說到吸引力，人會不會受到某個對象吸引，幾乎是瞬間的決定，但那並非是衝動。我們在看到潛在伴侶後，可在不到兩百毫秒的時間內，評估對方是否為合適的對象。倘若我們不感興趣（也就是當我們在 Tinder 上左滑時），決定的速度甚至更快。如此迅疾的決定，取決於大量複雜的視覺資訊、生殖健康的判定、深植於內的遺傳偏好、以及個人對風格的喜好。

有趣的是，我們經常受到與自己外表相似的潛在對象所吸引，儘管我們從未察覺到這一點。在一項研究中，受試者的照片經過修圖，成了異性的容貌──男性不僅沒有認出變成女性的自己（反之亦然），而且還認為那張照片最吸引人。這種容易喜歡外表相似者的傾向，可能適用於我的父母，他們長得非常像，常被誤認為是兄妹。

味道對於吸引力也深具影響，但正好與外表相反，人會傾向被氣味與自己不同的人吸引。我們的鼻子會接收包含了遺傳資訊的化學訊號──費洛蒙。在一項「強度頗高」的氣味研究

中，女大學生嗅聞了男大學生的 T 恤後，選擇了免疫系統與自己截然不同的學生氣味——此種選擇有助於保護她們的後代，使其能遺傳更多抵抗疾病的方式。

其他像是遇到新約會對象時的天氣、或感覺飢餓的程度等因素，也可能影響我們對伴侶的選擇，而且不僅人類如此。舉例來說，據研究顯示，飢餓會影響母蜘蛛的交配偏好，飽食的母蜘蛛對交配對象的接受度最高。

當我們不僅受到某個對象吸引，並開始感覺墜入愛河時，大腦會釋放出一連串的神經傳遞物質和化學物質，改變我們的心情與感知。若你曾有過墜入情網的經驗，首先便會注意到戀愛的感覺有多麼美妙，我們常以「狂喜」（Euphoria）來形容此種身心狀態，而當我們檢視腦內的化學物質驅動此種感受的過程時，會發現其實不無道理。人在墜入情網時，生理上會釋出一連串激烈情緒，包括觸發中腦的腹側被蓋區（ventral tegmental area, VTA）這個心形區域，此區域會將多巴胺（dopamine）注入腦內「感覺良好」的報償迴路。我們在吃到美味、令人上癮的食物，或飲酒時，也會觸發相同區域。

這便是為何談戀愛會讓人感覺像吸毒一樣，感覺輕飄飄、但沒有後遺症。你的心跳加快、體溫升高、雙頰泛紅、瞳孔放大，大腦向身體傳送訊號釋放葡萄糖，以提供額外的能量。你的大腦裡充滿了令人愉悅的多巴胺，但多巴胺卻不是我們在墜

入情網時唯一產生影響的化學物質，大腦也會分泌更多的正腎
上腺素（norepinephrine），此一關聯激素會讓人目光變得狹隘，
專注於重要的此時此刻，並扭曲人對時間的感知。許多人在與
新對象第一次約會時，感覺時間流逝、甚至過得飛快，部分正
是由於正腎上腺素（連同多巴胺）升高的緣故。

　　同時，人陷入愛河時，血清張力素（serotonin）的含量會下
降至類似於強迫症病人的水準，而此種重要激素負責控制食慾
和焦慮思維。因此，你可能會發現自己飲食變得不規律，或異
常注重小節，擔心自己「這樣做對不對」或是「發出的訊息完
不完美」，然後在腦海中一遍又一遍重播之前的約會情景。

　　我們和戀愛對象之間的肢體接觸，會引發另一種對人類吸
引力極為重要的激素——催產素（oxytocin），是一種有時又稱
為「親密荷爾蒙」的神經肽（neuropeptide），因為催產素有如人
際之間的黏著劑，有助於增進我們的同理心和信任感。當我們
深情凝視伴侶的雙眼、或擁抱依偎時，催產素也會飆升。換言
之，催產素對於關係的建立，至關重要。

　　哈佛醫學院最近一項研究顯示，催產素升高亦可說明為何
有些人在戀愛時會感覺食量變小。研究人員為體重不一的男性
受試者在吃大餐前，噴了催產素鼻腔噴霧劑，結果發現，相較
於使用安慰劑的對照組男性，他們吃得較少，而且餐後也較少
吃零食，尤其是巧克力餅乾。

♥ 理想的愛侶

　　我的父母定居在法國香貝里外的小鎮，也是我後來長大之處。母親成為當地大學的經濟學教授，父親則經營著蓬勃發展的冷凍食品生意。當媽媽宣揚著學術研究的樂趣和不斷學習的美好之時，爸爸則是讚頌著冷凍豌豆的營養價值——我也興致勃勃的聽講，因為他會用大碗冰淇淋賄賂我。

　　我的父母辛勤工作，因為工作的緣故，他們一天之中大多時間都是各忙各的。但是，每晚回家後，他們就像兩塊磁鐵一樣，分也分不開。回到家中見到彼此時，他們會親吻對方的嘴唇——不是法式熱吻，而是真誠傳達浪漫愛意、甜蜜的輕啄親吻。從那一刻起，直到隔日一早上班前，沒有任何人事物能將他們分開。他們並未分配各自必須負責哪些差事或家務，像是購物、煮飯或洗衣等，他們選擇一起做這些事。當他們坐在沙發上時，總是緊黏著彼此，她握著他的手，他的手臂摟著她。

　　我喜歡看他們在家裡的開放式廚房一起做飯，他們讓炸薯條時的工作（削皮、切片和油炸）看來如同芭蕾舞一般精心編排；他們幾乎無需使用言語交流，便能精準預測彼此的動作，也非常享受如此共度的時光。我記得有次母親從頭做起她拿手的家傳波隆那肉醬，中間她和父親一度笑彎了腰。原來，母親像所有義大利人一樣，不用手就不會說話，而她太專注於他們

的談話上，以致全然沒有注意到自己不小心將大量番茄醬甩到父親臉上。接著，想當然耳，就是來一場食物大戰，最終再以一個長吻收場。

在我的成長過程中，我心知父母堪稱完美絕配，但我呢？我的位置在哪？他們無庸置疑是愛我的，但我時常覺得自己像個多餘的附屬品，抑或是跟屁蟲。坐在我家的車時，我坐的是後座中間的位置，有時，我會在他們之間探出頭來，有時會將下巴放在扶手上——他們十指緊扣的手上。

我還小的時候，他們常把我留在婆婆家，然後兩人一塊度週末，我指責他們「拋棄了我」。我盯著停車場不只好幾分鐘的時間，而是好幾個小時，心裡盼望著他們不管有什麼計畫，都能回來接我一起去。（如今回頭看來，這讓我想到了愛犬盯著窗外，痴痴等我下班回家的模樣。）

當我長大了一點，我開始懷疑自己能否找到像我父母那樣互補、圓滿彼此的伴侶。我獨自坐在沙發上，看著父母在廚房裡濃情蜜意，耳邊聽著隨身聽裡的女歌手普西尼（Laura Pausini）唱著鬱鬱寡歡的義大利民謠《孤寂之歌》：

我內心沉默，是因為恐懼
沒有你的生活。

　　沒有伴侶的生活，似乎是我特有的命運。時至今日，我依舊不解原因為何。難道是害怕無法達到父母親所設下的理想愛情的高標嗎？還是我其實是個潛在工作狂，如此熱愛學業與運動，以致沒時間談戀愛？或我是否太執著於法語所說的「寧缺勿濫」？在聽過這句話之後，我就將其奉為圭臬（或至少是好用的藉口）。我當然明瞭愛情能讓人感到多幸福，我甚至會在學校裡撮合同學朋友，用我對「社會動學」（social dynamics）的興趣，來解讀朋友的肢體語言，注意誰對誰感興趣，並建議他們約會看看：「欸，瑞秋，你有注意到尚接近你時，紅著臉的樣子嗎？」

　　但我對戀愛遊戲並不感興趣。我時常和運動員或理工宅男打混在一起，和其中任何人走得更近時，他們感覺比較像是我從未有過的兄弟，而非未來男友。初中時，一個男孩在網球場偷吻了我，那是我的初吻，然後他告訴我，如果我剪去長髮，他就和我在一起。我笑著離開了，任憑一頭長髮隨風飄逸。

　　過了一段時間，我開始感到些許不自在，因為大家（主要是家母）開始詢問我為何看來似乎不想談戀愛，以及為何我在中學時代都沒有交任何男友。

　　我上大學研讀心理學時，絕不會向母親提及任何關於我的愛情生活（或欠缺愛情生活）的隻字片語。當我告訴她，我取得了哪些好成績、或如何脫穎而出獲得實習機會時，她會說：

「很棒啊,但是你找到你的真命天子了嗎?」

母親向我承認,她每晚都祈禱著我久候的真命天子能快點出現。有時,她會試圖扮演命運的推手。我十四歲時,學校幾個孩子為了幫朋友慶生,舉辦了一場1980年代法語稱為boum的舞蹈派對。我母親在派對上和一對夫婦交好,他們認為自己當時也十四歲的兒子和我會是絕配──在我們都長大到二十一歲的時候。沒錯,為人母的總是想得很遠!所以,那天下午,我們興致高昂的父母便趕著我們一起跳舞,當我們照做時,他們還興高采烈的拍照留念。

如今再看到這張照片,我忍不住笑了:男孩和我隔著幾乎一張桌子遠的距離跳著舞,也許未來他會和其他人縮小那段距離。我們被逼著一塊跳舞過後十年,他結婚了,成家立業;而二十四歲的我依然桀驁不馴、快樂的過著單身生活。至於我的母親呢?她則變得更憂心忡忡。

不久,我和父母親每週日共進晚餐時,母親都要唉聲嘆氣一番,說自己也許永遠沒機會抱孫子了。我告訴她要有耐心,找點其他嗜好,不要把注意力全放在我的個人生活上。

「要不要考慮養隻狗?」我建議。

雖然我覺得不自在,但並非無法理解母親的焦慮。她十分依賴父親,而父親亦是如此。他們都從婚姻中獲得了安全感和意義,自然也希望我能夠如此。

🤍 始終相信世上有真愛

　　事實上，也許是因為母親太過堅持，所以我對她隱瞞了約會經歷。我曾和一名男子約會了數星期，對於大多數人而言，他算得上是條件俱足的理想對象，富有、交友廣闊、英俊、充滿貴族氣息，是那種你能輕易想像他配戴著肩章、騎在馬上的白馬王子類型。我們在一場慈善舞會上認識，這場活動辦在離我的舒適圈百萬英里遠的摩納哥，朋友們又哭又鬧，才把我拖去。我們初見面時，他們開玩笑說我找到了白馬王子。他向我要電話時，他們也在一旁興奮不已，咯咯笑著。

　　初次約會時，他帶我去了法國白宮「艾里賽宮」，我們穿越整理得井然有序的花園，在灑著金箔的房裡喝香檳。我看著他飄逸的金髮和影星般的笑容，不禁為母親微微嘆了口氣 ── 這正是她一直希望我婚嫁的對象。然而，我卻迫不及待想要離開，想回去完成作業或打網球。

　　基本上，我並非刻意避談戀愛，而是完全沒注意到那些對我有感覺的人。要承認自己的社交神經如此大條，對一名社會神經科學家來說，絕非易事。然而，我也只是做自己而已，持續在生活中扮演旁觀者的角色，而非主角。讀研究所時期，我和一名親切的醫學系學生共用辦公室。我們一起從事研究，花諸多時間建立理論、進行辯論、彼此笑鬧，相處得十分開心。

幾年後，他向我承認，當時他其實是在對我示好——若是對其他人的話，我一下就會發現，但出於不知名的原因，我卻完全接收不到訊號。

我想，在我內心深處，始終相信世上有所謂的真愛，相信自己會愛上適合的人，我甚至設想過心目中的理想對象該有哪些條件——善良、熱愛運動、才智敏捷。但是，我不想將人生所有時間都花在找尋那個對的人上，我希望愛情能自然而然的降臨在我身上，而且是一段感覺明確且輕鬆自在的關係。我希望我的愛情能媲美我父母的關係；我希望它賦予我使命感，如同我從學術研究中獲得的一樣；我希望它能帶給我運動中那種多巴胺上升的快感。因此，儘管那名富少有錢、人又善良，但我們相處時的感覺，卻完全比不上以完美的網球反手拍打出壓線球時的狂喜。我希望我的愛情能帶給我擊球時擊中甜蜜點那般喜不自勝的感受，那種讓人永保年輕的感覺。

若非如此，也許我天生不適合戀愛。誰說二人生活才算完滿？倘若婚姻之所以成為常態，只是社會壓力使然呢？抑或，假使「一」不是最孤獨的數字呢？

第3章

熾熱之情

科學不單篤信理性，還追隨浪漫與熱情。

——霍金（Stephen Hawking）

我提及自己年輕時從未陷入愛河，但事實並非如此。我不記得他的名字，但我永遠難以忘懷他淘氣的笑容、那雙銳利的琥珀色眼睛，以及他從頭到腳全身覆蓋著柔軟棕毛的模樣。

我說的是一隻猴子無誤，一隻學名為獼猴、兩英尺高的靈長類動物。牠在 1999 年夏天扭轉了我的人生。當年的我才二十四歲，和同齡的許多人一樣，不確定該如何決定未來的職涯方向。當時我正在攻讀心理學碩士，但對於大腦的生物學（也就是大腦背後的硬科學）日益感興趣，我研究得愈深，就愈常思索若不去探究使人之所以為人的器官的本質，我們又如何能完全了解人性？

為了嘉惠其他學生，我自願做一份關於大腦的簡報，並花費數星期時間深入鑽研神經科學文獻，草擬了一份複雜得驚人的簡報內容。我興致勃勃、心花怒放，數星期以來滿嘴談的莫不是與簡報相關的內容。簡報當天，我帶著燦爛的笑容走進教室，以福音派教士的熱情開始簡報。最後，我屏息、抬頭看向和藹的老教授，最初便是他鼓勵我做關於大腦的簡報，結果發現他睡得正熟。

我簡直不可置信，在同學面前哭著奪門而出，離開講堂。教授後來向我道歉，說他正在服用新藥，副作用會讓他昏昏欲睡。他感到十分內疚，為了彌補我，他安排我參觀一位知名法國神經生物學家的實驗室，讓我能直接學習大腦如何運作。

「活體研究。」他別有深意的看了我一眼。

當時我全然不知「活體研究」是什麼意思，但我說：「當然好。」只希望無論這位從事「活體研究」的教授是誰，不要也在我簡報時睡著就好。

♥ 來自 VIP 的聲音

我從父母家開著我的小雷諾，開了兩小時，來到法國最重要的科學研究機構——法國國家科學研究中心（CNRS）里昂校區。實驗室裡悄然無聲，消毒得潔淨無瑕，但我感覺得到一股令人期待的能量穿透牆壁，感覺猶如科學上的重大突破指日可待。此處便是我與改變我人生的猴子相遇之處。這隻獼猴站在籠裡——至今想到這個畫面，仍令我一陣畏縮，儘管如此，牠似乎仍然很高興見到我，眨著可愛的眼睛，發出興奮異常的尖叫聲。

一位研究生解釋道：「活體研究」其實指的是研究大腦在生物體內如何運作。在此的生物便是一隻站在平臺上的獼猴，研究人員透過手術在獼猴腦內植入了一系列的電極。神經科學初發展時，標準做法是透過植入微電極，聆聽大腦的活動。聲音愈大，表示大腦活動愈劇烈。此項技術主要歸功於該領域的兩位先驅——義大利醫師賈法尼（見第24頁）和德國物理學家

亥姆霍茲（Hermann von Helmholtz）。賈法尼於十八世紀時，發現神經細胞和肌肉可用電刺激，產生興奮反應，亥姆霍茲則在十九世紀時，發現神經元中的電流其實是在傳遞訊息。

由於保密協定的緣故，當天參觀時，我並未得到關於這項研究計畫的太多細節，但是我得知了神經科學家杜哈梅（Jean-René Duhamel）與妻子西里古（Angela Sirigu）正在研究腹側頂內區（ventral intraparietal zone, VIP）的作用—— 我通常會向學生說個關於大腦「VIP室」的笑話，在此我就放過各位了。腹側頂內區位於耳朵上方的頂葉，主要在於協助靈長類動物（含人類在內）覺察自己行進的方向，並處理我們行走於世界時，身體對於周遭的視覺、觸覺和聽覺感受。腹側頂內區的一大重要作用是引導我們的視線，幫助我們在行走或跑步時，不撞到其他物體；此外還會幫助我們轉頭—— 當有迷人的人經過時，我們可能會做或想做的動作。

研究人員按照標準程序，將顱內微電極（用於追蹤大腦內局部訊號即時的電活動）連接至擴大機，如此一來，當獼猴改變視線時，他們便可實地播放從腹側頂內區發出來的神經元聲音。

「想聽聽看嗎？」一名研究人員問我。

我點點頭。是的—— 我興奮得幾乎說不出話來。當我戴上耳機時，時間彷彿慢了下來，我能感覺到自己心跳得很快。獼

猴的神經元聽來大致像是靜電般的聲音，但在這股噪音中，有一個強而有力的訊號，我彷彿轉到了世上最棒的廣播電臺，被這些資訊的純粹、真實、以及生命本質所散發的訊號所震撼。在那一刻如此單純的幸福中，我很清楚自己找到了畢生志業，那是一聽鍾情的召喚。

♥ 大腦偵探

　　儘管我深深著迷於活體大腦運作的聲音，我心知自己永遠無法使用關籠動物進行研究，我依舊十分敬重杜哈梅博士和西里古博士，但我之所以想研究大腦，部分原因是為了幫助人們獲得自由。在我看來，最直接同時又能深入鑽研志趣的方法，就是幫助病人從讓人虛弱的損傷和癲癇等腦部疾病康復。所以我前往瑞士日內瓦大學醫院（簡稱HUG，這不是雙關語），就讀歐洲數一數二的神經學系。

　　攻讀博士學位第一年，我仍和父母住在鄰近法國邊境的城鎮，但我幾乎不在家。為了趕早上六點的火車去日內瓦，我會在天亮前起床，然後回家時已經三更半夜。神經學系的樓層成了我的新家，我全心投入於研究工作，幾乎不需要太多睡眠。

　　我不久便感覺自己像個大腦偵探。我的工作就是去發掘病人在經歷中風、癲癇或任何腦部損傷之後，大腦哪些部分完好

無缺？哪些部分失去功能，必須進行復健？抑或，以頑性癲癇（intractable epilepsy）來說，神經外科醫師可切除哪一部分的大腦，而不會造成任何長期的行為或神經心理缺陷？

我碰到的每個案例都很吸引人，但也相當考驗個人情感。長時間下來，遇到失去行走能力的運動員，或無法認出自己孩子的母親時，我逐漸學會了如何具有同理心、但維持界線，以及如何保持適當距離完成工作，而不時時感到心碎。

💟 迷失方向的畫家

我在為七十一歲的瑞士病人瑚閣（Huguette）做檢查時，第一次發現了愛與熱情對於大腦內部運作，發揮了異常重要的作用。瑚閣是事業有成的畫家暨織品設計師，在日內瓦以藝術教師的身分享有盛譽，甚至一度擁有自己的電視節目。藝術是瑚閣的生命，她不僅以此為生，藝術還形塑了她的思維以及與世界互動的方式。她每次出家門肯定會帶著素描本，而且與心愛的丈夫有相同興趣，她的丈夫也是知名畫家。

我第一次在醫院見到瑚閣是2001年10月的某一天。她剛經歷人生中最驚嚇的二十四小時，看上去魂不守舍。瑚閣半夜突然醒來後，便再也睡不著，於是走去廚房喝水。然而，當她走下樓時，突然有一陣奇異的感覺，覺得自己好像在家裡「迷路」

了，她認不出樓梯間的牆壁。當她跌跌撞撞走進廚房，竟然找不到放杯子的櫃子。她是在夢遊嗎？還是在做惡夢？她捏了捏自己，知道自己是清醒的，但是，自己到底怎麼了？

瑚閣試圖忽略奇怪的感覺，回到床上，最後終於睡著。隔日一早，除了嚴重、劇烈的頭痛以外，瑚閣感覺還算正常。她服用了止痛藥，試著繼續她忙碌的繪畫和教學日常。

下午一點鐘左右，她開車前去丈夫的畫室接他，畫室距離瑚閣日內瓦的家大約兩英里。然而，她在開車經過十分熟悉、閉著眼睛都能開的社區時，竟不知自己身在何方，也不曉得該往哪裡去。她不停的在一個圓環打轉，不確定該從哪個出口出去，緊接著傳來一聲巨響，她的車左側撞上了圓環邊，她猛踩剎車，然後跌跌撞撞的下了車，看來茫然迷惘。

一名路人衝上前去幫助她：「這位夫人，您沒事吧？」瑚閣回答：「我不曉得。我迷路了，不知道自己在哪裡。」

「您住在哪裡？」

瑚閣毫不猶豫的提供了家裡住址。而且，一到家，她就認出了家人，他們立即叫了救護車。瑚閣被緊急送醫，到了醫院後，她接受了電腦斷層掃描檢查是否有腫瘤或出血，並進行了表面腦電圖（EEG）檢查，以排除癲癇發作的可能性。結果顯示她的右頂葉嚴重中風。

頂葉位於大腦皮質頂端，我對這個神奇的腦部區域進行過

詳盡的研究。頂葉的諸多功能之一，便是幫助我們理解眼睛所看見的事物。頂葉包含了腹側頂內區（VIP），也就是我聽見獼猴大腦發送聲訊的區域，此區域會引導我們的視線，並幫助我們決定將周圍環境的空間注意力擺放在哪裡。頂葉還負責我們的身體意象（即我們在腦海中看待自身的方式）和視覺注意力（選擇聚焦和忽略的事物）。

根據瑚閣的症狀和病變位置，我們可以得知，中風導致她的注意力嚴重受損，但仍無法確定是哪種損傷。我們讓她住院進行一連串的行為測試。我們等待結果之際，在診斷上出現了一個意想不到的突破。

♥ 左側空間忽略症候群

這個突破源自於一頓早餐。瑚閣有天很生氣，因為她的餐盤裡似乎少了一半的食物。她很禮貌的詢問護理師，為何她沒拿到柳橙汁和一碗水果？與她同房的病人餐盤上有這些食物。「為何它們從我的餐盤上消失了？」她問道。

護理師低頭看著瑚閣的餐盤，試圖掩飾她的驚訝，因為一眼望去，柳橙汁和水果都在餐盤左側，然而不知何故，瑚閣卻看不見。對她而言，它們並不存在。我靈機一動，要求瑚閣讓我看看她的素描本。我注意到她住院後就一直在畫畫，猜想這

是她的應付機制，她用這種方式應對診斷的不確定性。

　　看著瑚閣畫的圖，我莞爾而笑。素描本裡畫了護理師、工作中的醫師、還有瑚閣在時裝雜誌上看到的頭戴面紗的美麗女子。她的畫風可愛動人——輕盈、俏皮、活力充沛，但不可否認的，當中有些怪異之處。我後來發現，瑚閣其實是一位十分注重細節、非常出色的繪圖師，但是這些畫裡有著某些遺漏和失真之處，瑚閣似乎並未注意到。而且畫裡所有遺漏和失真之處，似乎僅限於頁面左半邊，她畫了少了左臂、左眼的人，還有只穿著右半邊上衣的女人。

　　我很快便做出診斷。病人患有左側空間忽略症候群（left-sided spatial hemineglect syndrome）。此種疾病是一種「注意盲」，抑或說心眼失明，主要影響是她的半邊世界會受到遮蔽。瑚閣是右半邊大腦受損，而右腦控制著身體左側，因此她僅有左側視覺受到影響。

　　基本上，不論左右，瑚閣的眼睛仍能看見周遭一切事物，但她的心智在視覺上只會注意到右側的物體，這並非像是她視覺畫面的左側被塗黑，而是左側畫面根本不復存在。她眼前的世界是被對分的世界，無論是一杯柳橙汁、一輛車、還是漂浮在日內瓦湖左側的一隻鴨子，瑚閣渾然不知自己錯過了什麼。

　　對於一位藝術家而言，除了全盲之外，還有什麼能比這種病症更令人備受打擊？話雖如此，這卻不是她唯一的問題。瑚

閣的自我知覺（self-perception）似乎也受到中風影響。當她看著自己的左手和左腳時，它們顯得巨大無比，猶如透過放大鏡來看一樣。

瑚閣問我：「你覺得我以後還能像從前那樣畫畫嗎？」

我試圖安慰她，並說：「我相信你會的。」

但我也告訴她，她必須歷經數月的復健，才有希望康復。我們立即展開復健計畫，但不久後，一般的復健計畫顯然讓她大失所望。中風病人通常會進行一系列看來有點像兒童遊戲的練習，病人可能得花上數小時，重複做一些簡單動作，比如把積木塞進小洞裡。瑚閣看著我們帶來的這些「玩具」，毫不掩飾的流露出輕蔑。

「這要如何幫助我再次拿起畫筆？」

瑚閣的反應正是執行長、藝術家、運動員、工程師等高功能病人的典型反應，當被迫執行看似遠低於其正常能力的矯治任務時，他們常會沮喪或氣餒不堪。雖然瑚閣的大腦有一部分受損，可這並無損於她的身分認同。正因如此，無論我們採取任何治療方案，都必須將此納入考量。

這便是為何當瑚閣斷然拒絕照本宣科的練習時，我決定有所變通。倘若她只對藝術有興趣，那我們便利用她的熱情來做為恢復她心智之眼的管道。我採取了較強硬的手段並告訴她，她現在參加了一堂新的藝術課程，而我就是她的老師。

64

♥ 拓展心智的畫布

課程內容呢？就是在腦內勾勒出新的連結，目標是利用大腦天生的能力來調整及應用完好無缺、依然健康的區域，藉此建立新的連結，來彌補或慢慢修復損傷。以瑚閣的情況而言，這表示她的復健重點將聚焦在她身為藝術家的熱誠和身分，且需歷經數月高難度的復健治療。簡言之，她必須教導自己如何重新執起畫筆，擴展她已大幅縮小的心智畫布，這將是艱巨且耗費心力的復健工作。

最初三週，為了重獲視力，她畫了六十多幅畫。儘管疲憊不堪又充滿挫折，她還是完成了我要求的一切練習。她常想著放棄，就像是她待在寒冷的醫院大廳時，會埋進大圍巾裡，藏起自己。但放棄意味著她會失去做為藝術家的身分。

最近一次練習後，感覺我們似乎沒有任何進展，她問我：「這些練習究竟有何意義？」

我深吸了一口氣，然後開始解釋：「你的頂葉如同有許多房間的大房子，其中一間房間的燈滅了，可能是因為保險絲燒斷或是線路短路，不論原因為何，現在那個房間裡的燈暗了，而且你無法重新把燈打亮。那麼，你如何讓自己看得見？你如何在黑暗中作畫？正因如此，你需要打開其他房間所有的燈，打開所有的門，必要時打掉牆壁，讓整個大房子充滿光照，如

65

此一來，一個房間燈滅了便無關緊要，因為現在所有房間都被照亮了。」

這正是我們所做的練習，我要求瑚閣從各種角度畫自己的自畫像，用鏡子從右至左反映她的影像。我一遍又一遍，操縱著她的視野，迫使她注意被忽視的那一面，去「探視」她心智之房裡的其他「房間」，打開更多的燈，拆除更多的牆。

她開始有了進步，先是小小的進展，後來更是突飛猛進。令我震驚的是，倘若瑚閣不是藝術家，若非她擁有對創作的熱誠與熱愛，她或許永遠無法從如此嚴重的中風一步步康復。

順帶一提，愛似乎與瑚閣在康復之路上的諸多突破有關。比起物件的圖片或不知名的人物影像，當我們在她被忽視的左側放了諸如孫子等她所愛的家人照片時，她會更容易且快速注意到照片。她與孫子的正向聯繫，觸發了強烈的情緒反應，進而活化了大腦的邊緣系統（limbic system），而邊緣系統負責管理情緒和記憶，特別善於接收及發送訊號至頂葉，這給了瑚閣一股所需的「助力」，協助她克服注意力缺陷的問題。

慢慢的，隨著她建立起新的心智連結、形成新習慣、找到新的觀察方式，瑚閣逐漸學會如何將注意力轉移至左側。最初當她聚焦左側時，這一側的物件似乎會分裂成鋸齒帶狀，幾乎像是彩色玻璃窗的剖面。但是，漸漸的，畫面最後變得完整，她的心智畫布逐漸展開。

一年以後，瑚閣幾乎完全康復。不僅如此，除了安然康復以外，她也更能掌握角度和比例，對每一筆筆觸的感覺更為敏銳，對自己的藝術家身分也有了更深的理解。瑚閣向我坦承，中風之前，她在創作時，有時會過度小心；甚至因為藝術家丈夫在市場上更受歡迎，而萌生某種自卑感。

中風和康復之後，她所有的不安全感都消失了，心智的畫布擴大，她的風格變得更隨興、更具實驗性。瑚閣甚至開始將彩色燈光投射到她的作品上，並在醫院舉辦展覽。她告訴我：「我不敢相信自己會這麼說，但我幾乎覺得，這次中風讓我變得更自由了。」

💙 神經可塑性超乎想像

瑚閣的康復說明了大腦自行重建連結的能力，此種令人驚奇的特性稱為神經可塑性，是理解大腦如何運作的基礎。

神經科學家經常談論某些大腦區域的功能，像是特定區域可以幫助我們儲存記憶（如海馬體）、或是偵測危險（如杏仁體）。但這會給人一種錯誤印象，以為人類的複雜行為其實是各自受到大腦某個特定區域掌控，然而，其實此種情況並不常見；相反的，大腦重視的是多功能，而且喜歡將工作分派至多個區域。

　　例如，語言功能並不僅由大腦某個特定區域負責。語言的產出和處理，涉及諸多區域，從額葉到頂葉，再到部分顳葉和腦島皮質（insular cortex）。我將在接下來的章節中，詳細討論這些區域，因為它們也與我們發展親密關係息息相關。

　　腦部各區域也都具有多種功能，因此，大腦各個區域可彼此互補、強化，或在必要時甚至可複製彼此的工作。當某個區域受損時，腦部其他區域還能調節並發展出新功能，來接替受傷區域的工作。

　　若您將大腦想像成如同汽車一般的機器，由毫不相干的零組件各自執行特定工作，那麼我剛剛所陳述的一切，聽來也許會有點奇怪。因為若車子的空調壞了，想當然耳，我們不會期望燃料噴射系統會奇蹟般的在你面前吹出冷氣。

　　但是，大腦一直存在著此種應變機制。當部分區域出現損傷時，大腦會嘗試調整其他區域，來保有該區域原先的功能。腦內有許多神經路徑，也有許多到達同一目的地的方式。若某條路徑受阻，有時大腦可改變路徑，透過另一條路徑重新傳送訊號。大腦試圖彌補損傷的天性，也解釋了為何人失去某種感官功能（如視覺）時，另一種感官（如聽覺）往往會增強，大腦會試著在另一處彌補一處的損失。

　　這就是發生在瑚閣身上的事。儘管她無從注意到左側的事物，但中風之後，她對右側的物件變得異常敏感。當她歷經復

健終於康復之後，她成為了更善於分析的畫家。她的大腦補償了缺損，而新建的心智連結除了幫助她恢復失去的功能之外，也讓她獲得了別開生面的新視角。

♡ 愛的力量

　　瑚閣的案例從各方面來說都是特例，但我很快便開始在許多其他病人身上，看見了這種康復的模式，通常都源自於他們對人生至愛的熱情── 無論是職業也好，嗜好也罷，甚或是某一個人也行，病人對至愛的熱誠，幫助他們重新發掘所失去的技能或能力。

　　關於「愛的力量」，我曾在流行心理學的書中讀過，在民謠中聽過，甚至成長過程中在我父母的廚房裡對它驚嘆不已，但我現在明白：愛在大腦中其實可能發揮著很關鍵、卻未曾被發現的作用，我開始懷疑愛也許不僅有助於受損的腦部功能恢復，也是幫助健康的大腦蓬勃發展的關鍵。

第4章

戀愛機器

所有的真理一旦發現後，便不難理解；

但關鍵在於得去發掘。

── 伽利略

　　在我之前，僅有少數研究人員曾嘗試利用神經科學工具，來研究愛情。這領域的研究人員稀少的原因之一，是愛情本身就是複雜難解的習題，大腦如何編碼二人之間的連結，並非輕易就能發現，遑論要去度量或以數學方程式來解答。我覺得自己彷彿牛頓在思索萬有引力，明知有一股無形力量存在，但卻無法去解釋。

　　除此之外，還有另一個更微妙的問題，也是我的神經科學家同僚的質疑：探究與愛情有關的神經科學基礎，究竟能否算得上是有價值的議題？

　　「關於愛情的神經科學研究？你在說笑嗎？」我在日內瓦的一位指導教授冷笑著說：「你這形同自毀前程，根本拿不到經費，也沒有人會發表你的研究結果。」

　　對他而言，這幾乎等同於我在製造科學的棉花糖，彷彿任何與浪漫愛情相關的主題都不夠嚴肅或實在。他不會是最後一個告訴我「愛情對於嚴肅的科學家而言是太稀鬆平凡的主題」的人，但他或許是最直接的人。我仍在就讀研究所時，他還能接觸得到我，所以他仍大有機會扭轉我的研究方向。

　　「你如此努力取得博士學位，為何要放棄大好前程，研究一個如此普通、簡單的主題？」

　　簡單？他如此的形容讓我大感震驚。製鹽的化學配方或許很簡單，只要一份鈉加上一份氯化物，但建立長久愛情的公式

卻遠遠複雜許多。心胸開闊的科學家肯定深知這點，我真希望當時的自己，已經知道經濟學家巴克斯（Peter Backus）的研究，他計算出宇宙存在的外星智慧文明數量，可能比他在地球的合適對象還多。

💜 「愛」與「配對連結」有何不同？

愛絕對不簡單。當這位指導教授說話時，我想到了諸多女性社會心理科學家前輩，例如：哈特菲爾德（Elaine Hatfield）、博喜得（Ellen Berscheid）、佛列德里克森（Barbara Fredrickson）、戴蒙（Lisa Diamond）和斯普瑞契（Susan Sprecher）等先驅，她們都以嚴謹的態度，為愛情心理學研究奠基。

禮貌的聽完教授說教，我找了個藉口告辭，輕關上了他的辦公室門之後，我低聲說：「要你管。」身為一位自重的科學家，怎能輕蔑一個對人類經驗分明十分切要的題目，僅因為它聽來或看來無足輕重？提出他人甚至想都沒想過的問題，難道不是我們身為科學家的責任與工作嗎？

不過，我得說句公道話，他確實提出了一個合理的技術問題，即人們所謂的「愛」這個議題是否過於巨大、不夠具體、且太過主觀，因此難以有效研究。也許愛只是加總了諸如吸引力和依戀等基本的感覺，或是如女歌手透納（Tina Turner）曾唱

過的，愛只是一種「二手情感」？每個人因為個性、階級或文化差異，也許對「愛」的看法也截然不同？也許我最好縮小研究範圍？

我提交的研究計畫經費提案，巧妙說明了上述觀點。原本的提案標題中包含了「愛」一詞，結果被退件；後來我再度提出相同的提案，幾乎是一字不改，僅更改了一處：我用「配對連結」（pair bonding）代替了「愛」這個字，最後順利獲得研究經費。

儘管學界最初對於研究愛情的價值，持保留態度，但大眾傳媒對於我的研究，接受度卻很高，尤其在情人節前後，我收到《科學美國人》和《國家地理》等雜誌的採訪邀請。雜誌刊出幾篇關於我的採訪之後，同事們開始戲稱我為「愛情博士」。媒體報導也引起了大學生的注意，他們很快便對我的研究產生興趣，認為這將有助於他們剛萌芽的校園戀情無往不利。

💙 我該選擇肌肉男、還是科技宅男？

2006年，我從日內瓦搬到了美國新罕布夏州的達特茅斯學院。我在此與聞名全球的神經科學家格萊弗頓（Scott Grafton）和葛詹尼加（見第25頁），一起在心理暨腦科學系從事研究。新的語言、新的文化和新的氣候，讓我迷了路，最後我終於找到了

路，通往放著腦部掃描儀和電腦的實驗室，我可以整晚和整個週末都泡在實驗室裡，鑽研數據。

在我的辦公室開放時間裡，常有女學生帶著特殊請求，出現在我的研究室門口。通常，她們會有一、兩位朋友陪著她，做為情感支持。她們從我貼在圖書館的傳單，看到了我的研究需求——「徵求：戀愛中的女性」。

在試探性的敲了敲門之後，我聽到有人略帶尷尬的清清嗓子，並問：「不好意思，史娣芬妮，請問您有時間聊聊嗎？」

雖然我可以用英文撰寫科學論文，但是我仍在熟習日常用語，「聊聊」（chat）這個詞讓我一時答不出話來，因為它在法語中的意思是指「貓」，但我了解她是想和我說話。

「請坐。」

女學生坐下來，把手伸進牛仔褲口袋，臉開始紅了起來，她朋友輕推了她一把。

「說吧，你想問什麼？」

「好的，」她回答。在她向我提出請求之前，那一年我不斷聽到重複的詢問：「我可以使用你的戀愛機器嗎？」

其實申請專利時，我將我的發明稱為「檢測受試者特定認知與情緒狀態之系統與方法」，但學生們更喜歡「戀愛機器」（Love Machine）這個名稱，所以便一直沿用。「戀愛機器」是我所設計的電腦測試，歷時十分鐘。學生相信這個測試能幫助他

們在兩個潛在的戀愛對象之間做抉擇。若學生左右為難，不知該選擇擁有六塊肌的校園風雲人物，還是有著靦腆笑容、笨拙的科技宅男，這個程式似乎能窺探她的內心深處，並判定她真正屬意的男子（或女子）為何。

我的本意並非替大學生開發約會小工具。我在日內瓦研究像瑚閣這樣的病人後，希望能以系統性的方法，測試正向情緒對大腦的影響。瑚閣用她對繪畫的熱愛，克服了重度中風造成的腦部損傷。我目睹了她與深愛的職業所建立的聯繫，如何實際改善了她的心智功能和神經可塑性，我們共同合作的成果令人印象深刻，但終究如同任何病人的案例，只是一樁軼事。

我想看看，瑚閣的經歷和我在神經病房其他病人身上觀察到的類似經驗，是否並非特例，反而是顯示出大腦某些一般特徵。我想看看，對運動等事物的愛與熱情、如此的正向情緒刺激，能否促進所有人的腦部功能。

🤍 戰或逃反應

我認識的神經科學家，多半的研究興趣聚焦在情緒光譜的另一端，即情緒的黑暗面。現今已有大量研究主要關於「負向刺激如何加快大腦部分區域的反應時間」，其中部分研究來自我在日內瓦的同事。這些研究進行了潛意識促發（subconscious priming）實驗，病人會看見突然閃現的蛇或蜘蛛的影像，速度快到受試者無法有意識的記下，但又不至於快到逃過杏仁體的注意，而杏仁體是對威脅極度敏感的大腦區域。

杏仁體（amygdala）一詞源自希臘語，取自「杏仁」之意，因為杏仁體外型小巧，呈橢圓形狀。杏仁體深藏於大腦皮質底下，位於大腦其中一個最古老的區域——邊緣系統，主要功能在於接收與威脅相關的資訊，並早在威脅資訊抵達我們的意識之前，先迅疾做出反應。從演化觀點來看，對負向刺激保持警惕十分合理。試想若我們是在叢林採集食物的遠古人類，便需要能夠快速分辨森林地上那又長又黑的物體，究竟是一根樹枝還是一條蛇；也必須要能察覺藏身樹叢間的陌生人，並判斷他是否具有威脅，如此才來得及逃跑。

此種演化反應，主要透過神經科學家勒杜（Joseph LeDoux）所謂的「低徑」（low road）來傳達，即一條在無意識的情況下引發防禦反應的直接感知路徑。低徑就像高速公路，將眼睛看見的威脅從視覺輸入，並連結至杏仁體，刺激下視丘啟動身體的自我防衛機制，即「戰或逃反應」（fight-or-flight response）。此種機制是一種前意識（preconscious）反應，發生在一眨眼之間，或大約一百毫秒左右（有意識的思維過程約需要三百毫秒或三分之一秒的時間，身體才有所反應）。這便是人為何會在尚未意識到自己已有所反應之前，身體便已幾近自動的退縮、跳躍、

或舉起手臂，來避開危險。

神經科學家阿道夫斯（Ralph Adolphs）的病人S.M.也許最能戲劇性的顯現杏仁體的功能。S.M.的杏仁體因遺傳病變而受損，因此她無法感受到任何恐懼。這對S.M.而言是十分不利的情況，因為她毫無察覺威脅的能力，所以無法避開任何危險，某部分也解釋了她為何成為數起暴力犯罪的受害者。

♥ 觸發正向情緒反應

然而，杏仁體雖能決定人是否感到恐懼，但它的功用其實是試圖偵測出凸顯性（saliency），也就是試圖找出值得注意的環境變化。一般而言，大腦天生就能偵測變化。通常，當某些情況穩定時，表示環境很安全；但當情況快速發生變化，也許就有危險了。這便是為何杏仁體是公認的威脅偵測器，不過，無論是正向或負向變化，杏仁體其實都可以偵測得到。

我曾經針對杏仁體植入電極的癲癇病人進行了一項研究。我們向他們閃現了帶有負面和正面情緒字眼的潛意識訊息。一如預測，負面詞語觸發了杏仁體著名的威脅偵測器，但更令我激動的是，正面詞語也觸發了杏仁體，只是沒那麼快速（我所謂的「沒那麼快速」指的可是僅有百分之幾秒的差異）。

結果顯示，正如我們可以本能的偵測危險、並做出反應一

般，人也可以本能的想回應正向體驗的機會，去接觸那些我們
不想遠離而是想走近的經驗。我們對愛的需求，可能不若避開
危險的需求直接，但一點也不多餘。正如我們所了解的，人類
因為愛而演化，也不斷的演化去愛人。所以，也許愛自有其古
老路徑通往大腦，如同另一條勒杜所謂的「低徑」。

「戀愛機器」的設計就是為了查明這是否屬實，而測試方式
是：以那天在達特茅斯學院找我進行約會諮詢的學生為例，受
試者向程式提供她有意思的兩個對象的名字，比方說布萊克和
西羅。接著，測試開始之後，她眼前的螢幕會閃爍，她會看到
閃光，但無法察覺自己剛剛下意識的受到一號對象布萊克的名
字促發，布萊克的名字在螢幕上出現了二十六毫秒。這個時間
長度雖然不足以讓大腦有意識的察覺這個名字，但卻足以傳遞
潛意識訊息、啟動杏仁體，並促發與布萊克這個名字有關聯的
任何情緒。

此種潛意識的聯想受到促發後，受試者接著必須完成一系
列的語彙測試：從假造詞中挑選出真詞。我們密切追蹤她的反
應時間，藉此從統計分析數據中衡量具顯著意義的細微差異。
女學生的潛意識受到一號對象的名字促發後，辨識真假詞的速
度比使用二號對象西羅的名字時，快上了近百分之二十。接下
來，我們讓兩個名字隨機出現，先閃現西羅的名字，而她對布
萊克的名字依然展現出相同的快速反應。

但這是否就一定意味了她下意識比較喜歡布萊克呢？還是正好相反，她其實比較喜歡西羅，而這個名字引發的正向聯想使她從測試過程中分心，使得布萊克看來像是她偏好的約會對象？為了消除這種可能的混淆，我也對那些宣稱自己瘋狂深愛著伴侶的女性，進行了「戀愛機器」實驗。我將這些女性的伴侶名字和其他朋友的名字，一起放進了戀愛機器，她們與朋友和伴侶認識的時間一樣久，我們以此確保受試者的大腦不會僅因熟悉度，而對名字有所反應。結果顯示，受試者在受到愛人的名字促發後，語彙測試的表現明顯較佳。

♥ 人心自有道理

現在的問題是：為何如此？為何會發生這種情況？為什麼愛會提高一個人的閱讀速度？我猜想，應該與大腦內部的連結方式有關。當布萊克這個名字在女學生的眼前一閃而過，所產生的正向聯想，刺激了大腦的某些神經元，進而啟動了大腦的報償（reward）系統。腹側被蓋區（見第47頁）和下視丘等數個區域，分泌出大量傳遞訊號的化學物質多巴胺，而多巴胺會透過處理幸福感受的區域及其他相連區域（包括幫助我們解析文字的區域），傳遞大量喜悅的能量。

女學生並未決定如此反應，她的反應和其中影響並非來自

個人的意志或控制，甚至也不在她的意識範圍內。換句話說，測試揭露了她的真實感受、她真正的偏好、以及大腦對布萊克建立的正向聯想，但她對西羅卻並非如此。我們一位同仁如此總結研究結果：「我想，你腦袋裡知道就是知道，即便尚未意識到。」

據此，問題變成了：為何這些感覺對她而言，如此難以捉摸？為何她需要「戀愛機器」來釐清自己的感受？此測試程式其實類似於內隱聯結測驗（implicit association test, IAT），可測量人是否無意識的偏愛特定的性別或種族。此項測試可揭露個人深藏在內心深處的感受——那些您可能甚至希望對自己隱藏的感受。

然而，如同我在日內瓦的同僚對負面情緒所做的研究，內隱聯結測驗通常聚焦在情緒的黑暗面、令人不快的無意識反應以及關於歧視的反應。偏見是我們需要控制和根除的東西，但愛是我們需要經常釋放的情感。我們無意識的喜好也就是「內心所渴求的」，常是最讓人感到快樂的。正如法國哲學家暨數學家巴斯卡（Blaise Pascal）所言：「人心自有道理，但理性卻難以理解。」

羅密歐與茱麗葉式的戲劇性問題，通常發生在出現妨礙之際。有趣的是，當我告知學生受試結果時，她們的反應雖略有分別，但往往是一副「我就知道！」的樣子。

「既然如此，你為什麼需要戀愛機器？！」

大多數的學生若對自己夠誠實的話，通常對於該和誰約會具有某種直覺，但大腦的額葉會阻止他們，因為額葉內包含了充當「家長」的腦部區域，會告誡他們「別那樣做」。

坐在我辦公室的女學生得知戀愛機器證實了她的直覺時，感到獲得了一股力量，而我稍加強化了此種感受。我提醒她，不論她要不要對大腦閃現的消息採取實際行動，都是她自己的決定，完全出自於她。女學生笑了笑，抬頭挺胸，帶著勝利的微笑，離開了我的辦公室，她的兩個女生朋友尾隨在後。

♥ 深入大腦深處探索愛

從戀愛機器的實驗中，我得知：當人受到所愛之人的名字促發時，思考方式似乎會有所不同，或至少更快速。這表示愛做為一種情感，可能比任何人先前預期的更為複雜，或說更聰明。但是，我們還不清楚大腦內的運作機制，因此無法解釋為何會有此等差異，只能推測其中所涉及的區域或背後的機制。如果想要掌握更多細節，我們必須深入了解大腦本身。

功能性磁振造影（functional magnetic resonance imaging，fMRI）是神經科學家使用的一種技術，主要用來了解各種心理狀態的生理基礎。自1990年代導入以來，功能性磁振造影發揮了至關

重要的作用，幫助確立了各種認知社會功能和行為涉及的腦部區域。當腦部某個區域較為活躍時，會消耗較多氧，為了滿足需求，流向該區域的血流量便會增加。基本上，功能性磁振造影就是描繪顯現此一過程，使我們能以高解析度，詳細查看各種不同的刺激引起了大腦哪些區域的反應。

延續先前的實驗，我在後續實驗中，找來了三十六名受試者，全部是女性，我在她們進行戀愛機器測試時，使用功能性磁振造影，掃描她們的大腦。這一次，我要求受試者提供親密戀愛對象的名字（依熱門的心理量表衡量依戀程度）、某個朋友的名字（身心上都未受吸引的對象）、以及她們所熱愛的嗜好（如網球或寫作）。

研究結果在許多方面，都顯得十分有意思。首先，就隱式促發（subliminal priming）效果而言，我發現相較於只受朋友名字促發的人，使用親密伴侶名字和熱愛的嗜好促發的兩組人在認知語彙測試的表現明顯提升。而且，那些聲稱自己深愛伴侶的受試者，愛得愈深，反應時間就愈快。

接下來，我檢視了受試者參與測試的時候，大腦中發生的情況，結果十分有趣。我假設愛情主要觸發的是所謂的情緒腦（emotional brain），包括古老的邊緣系統和心理學家一直將其與愛聯繫在一起、渴望多巴胺的報償系統。我觀察到，這些區域一如預料，受到愛和熱情相關的促發，會有所反應。

　　但這些區域並非唯一被愛強力活化的區域，我還看到愛和熱情（對運動或嗜好的熱情、而非友誼）意外觸發了大腦更複雜之處，比如兩側的紡錘狀區（fusiform area）和角腦回（angular gyrus，位於頂葉），這些高階的腦部區域已知涉及了概念思維、隱喻性語言和「自我」的抽象表徵，並非是輕易與內心事物產生聯結的區域。

　　這個發現實在太驚人了，尤其是角腦回這個區域，非常近期才出現在人類演化史上，並隨著創意、直覺、自傳式記憶、複雜語言、體驗學習、想像力和跳脫框架思考等造就人類的特質，而不斷演化。（據推測，愛因斯坦之所以如此天才，部分可能與他擁有異於常人的角腦回有關。）為何這個區域會因為愛而反應得如此劇烈呢？

　　角腦回不會因為快樂或驚喜等其他正向情緒而被活化，這是否暗示：愛不僅僅是一種感覺，也是一種思維方式？

💙 愛的腦內地圖

　　我非常訝異的發現了：愛和熱情會觸發原以為與情緒腦毫無關聯的區域。只有我注意到這些實驗結果嗎？難道大家對於這些證據一直視若無睹？

　　我決定針對學術界先前幾個關於愛情的功能性磁振造影研

究，進行統合分析（或稱後設分析）。我利用了早期的研究報告結果，並輔以研究者未納入其論文、但可能有助於提供線索的補充資料，希望能描繪出一幅愛的腦內地圖，全面了解此種複雜的人類現象如何運作。

我和其他共同作者花費了數星期，坐在電腦前面，深入探究早期研究方法的細節，分析完數據之後，我們發現愛似乎活化了十二個特定的腦部區域，除了常見的報償系統和控制情緒的皮質下區域（subcortical region）以外，還有我最初功能性磁振造影研究所發現的部分高度精密區域，即大腦皮質中負責自我表徵和身體意象等高階認知功能的腦部區域。

然後，我們將愛情的大腦地圖與友誼之愛（即我們對朋友的感覺）和另一種神經科學家唯一廣為研究的愛——母愛，進行比較。在大腦的「愛的網絡」中，三種類型的愛都會使這十二個區域全部活化，但強度和模式各異。首先，浪漫愛情比友誼更強烈觸發了大腦的快樂中樞和角腦回等管理自我意識的皮質區域。

母愛與友誼之愛十分類似，不過它還會活化皮質下的導水管周邊灰質（periaqueductal gray matter, PAG），此區域匯集了催產素和血管加壓素（vasopressin）等激素受體，對於建立連結等功能至關重要。這些激素受體也與同理心有關；另外有趣的是，也與抑制疼痛相關。這或許表示了：除了愛孩子伴隨而來的種

種喜悅之外，也許此段經歷也有它特別的難處或痛處，需要天然的止痛藥，如此為人母才能更深入體會、甚至理解孩子的痛苦。幫小孩戒夜奶或送孩子離家上大學的母親，看到這裡，可能心有戚戚焉。

這些結果令我深深著迷。如今顯而易見的，愛對大腦的作用比任何合理猜測都要來得複雜，但這張愛情神經地圖最讓我印象深刻的，並不在於它有多麼精細，而是「大家都一樣」的事實。人常常覺得自己的愛情故事獨一無二，但站在生物學的觀點來看，無論是誰的感受，愛情的模樣都並無二致。不論你出生於何處、是同性戀或異性戀、是男是女或跨性別人士，若有個人對你而言很重要，他們便會以同樣根本的方式，點燃你大腦的愛情網絡。

演化學和社會心理學研究指出，浪漫愛情是普世文化，存在於各個人類社會之中。而我的研究似乎闡釋了其中原因：愛並非現代文明的產物，不是某種以文化為媒介的社會建構，而是根植於人性、很基本的普遍特徵。

既然我們已經找到了愛的腦內地圖，我不禁心想，它會把我們帶向何方？我們能否利用這些證據來幫助大家尋找並維持健康的伴侶關係？對愛追根究柢，究竟能讓我們學到什麼？

第5章

心心相映

愛是宇宙最強大的工具。

—— 懷特（Howard "H" White）

　　我們一語不發，並排坐著二十分鐘後，他突然轉向我，並說道：「如果我開始打鼾，請把我搖醒。」以搭訕的開場白而言，這絕對算得上是出奇制勝，我咯咯笑了起來。然後我看到坐在附近的一位教授，睡倒在椅子上。

　　「他在打鼾，你要我也搖他嗎？」

　　我們倆都笑了。

　　「你好，我是約翰。」

　　我挑了挑眉，彷彿在說：「還用說嗎？」我們從未見過面，但大名鼎鼎的約翰・卡喬波（John Cacioppo）博士毋須多做介紹，至少在社會神經科學會議上不需要。我從念研究所開始，就常閱讀他的文章，但我不曉得他竟然如此好看。約翰有著橄欖色的皮膚、灰白的頭髮和結實的體格。他濃厚的鬍鬚並不顯老，反而讓他的臉看來更和善，笑容更燦爛。

♥ 愛情博士

　　那是 2011 年 1 月的一個清晨，我們在上海，雖然我們本該在紐約或米蘭，不過科學研討會的舉辦場地給人的感覺，總是大同小異。

　　我剛從日內瓦飛過來，當時任職於瑞士國家科學基金會，擔任心理學研究教授。我早期在達特茅斯學院的研究有所突破

之後短短幾年，我也在社會神經科學不斷擴展的領域裡，逐漸成為新星。如今，被稱為愛情博士的我，常受邀至世界各地的會議演講。

我們坐在會場，人還有時差，喝著烏龍茶閒聊著研究時，我仍渾然不知這場會議將徹底改變我的人生。我差點就要錯過此次會議，二十四小時之前，我還躺在日內瓦公寓的床上，發著快三十九度的高燒。那時，我得了流感，病了將近一星期，出發前一晚，身體似乎沒有任何好轉的跡象。於是，我寫信給身為主辦方一位研究同理心的心理學家——不過，令人難以理解的是，他得知我生病的消息後，不屑一顧的回應，明顯缺乏同理心。他如此回覆：「現在取消為時已晚，大會議程已經印好了。」

我過去從未錯過任何安排好的演講，但我高燒一直不退，實在病得厲害，起不了身，更別說搭飛機了。於是，我把機票取消，將脹痛的腦袋埋進枕頭裡，昏睡了過去。

隔日一早醒來，感覺很奇怪——我好像沒事了，燒退了。我看了看時間，居然還來得及去搭飛往蘇黎世的班機，然後再接紅眼班機去上海。我打電話向瑞士航空詢問，得知下一班飛往中國的航班還剩一個座位。於是，我穿戴整齊，拿了電腦、一雙高跟皮鞋和一件黑色西裝外套，然後叫了計程車。

我告訴司機：「若你能在二十分鐘內送我到機場，我會給

你一大筆小費。」結果竟花了四十五分鐘。我衝向登機門，是關艙前最後一個登機的人。有時我會想，假使那天沒有搭上那班客機，自己將會錯過什麼，我便禁不住顫抖。

那天早上，與會的學者湧入會議廳時，約翰和我很快便開始輕鬆交談。他知道我的研究，這對我來說意義重大，畢竟約翰是1990年代共同建立起社會神經科學領域的學者之一。他對我的潛意識研究，特別感興趣，我們一邊討論著統計意義和對正向刺激的反應，一邊對著彼此微笑。我不禁心想，難道這是神經科學家的調情方式？

♥ 「社會神經科學」創始人

約翰·卡喬波是知名學者，已有二十本著作，論文被引用過十萬次，他的研究獲得了數十萬美元的經費。然而，吸引我的並非他響亮的經歷，而是他深邃且富同理心的淡褐色雙眼。約翰雖然語速很快，但思路更敏捷，他也是很棒的聽眾，那雙眼睛總是讓你感覺自己受重視、傾聽和理解。

約翰生於1951年6月12日，出生地在美國德州東部的小城市馬紹爾。此地平坦、乾燥且炎熱，相較於我的家鄉阿爾卑斯山，猶如另一個星球。但是約翰和我一樣，擁有義大利血統，他的祖父母在世紀交替之際從西西里島移居美國，家族勤奮的

移民精神也完全體現於他的所作所為。約翰的研究生不論在晚上八點下班或早上六點上班時，總是看見約翰辦公室裡的燈都亮著，對此他們大感訝異。約翰曾經告訴學生：「我永遠不會要求你們比我更努力工作。」即使約翰日漸位居高位，若能幫助學生在研究上取得進展，他也寧可放棄晚餐之約，來幫助他們。

約翰自小便是數學天才，也是他家裡第一個上大學的人。就讀密蘇里大學時，約翰主修經濟，但也善於辯論。其他人告訴他，他可以成為一名出色的律師。評論運動賽事時，他有時會站在一方爭論某些問題，說服你相信他是對的，但只是為了反過來站在另一方贏得辯論。約翰過去常說，此種練習「向我證明了自己一無所知」。隨著年歲漸長，他對贏得爭辯愈來愈不感興趣，反而更愛追尋真理。

約莫在此時，他碰巧遇到了一位實驗心理學家。約翰問了他一些與人的行為相關的問題。

這位心理學家回答：「不曉得，但這是個實證問題，我們可以一探究竟。」此時，約翰「靈光一閃」，那一刻猶如墜入愛河一般，改變了一切。他申請了俄亥俄州立大學的心理學博士班，並以他的才智和別創新格的研究態度，嶄露頭角。

約翰之所以選擇攻讀社會心理學，而且後來和其他人共同創立「社會神經科學」這學門，絕大部分與他年輕時和死亡擦

肩而過的經驗有關。據說，當時他高速行駛於單線道上，一匹馬突然衝到了車前，約翰猛力轉了方向盤，車子失去控制，撞車前的一刻，他腦海裡閃過的並非自己諸多的學術成就，而是他所愛之人。他在那時體悟到了根本的人生道理，並啟發了他後續的研究：社會關係是人生最重要的事，賦予人生最深刻的意義。

1970年代末，約翰因為「說服」主題的研究，一舉成名，他的研究有助於了解人如何因為新資訊，而改變心意或做出抉擇。約翰與當時的摯友佩帝（Richard E. Petty）共同建構了思辨可能模式（Elaboration Likelihood Model），任何曾修過普通心理學的人，對此應該都不陌生。

此架構將人處理說服性資訊的心理反應，分為兩條路徑：中央路徑和周邊路徑。中央路徑涉及深思熟慮、權衡利弊，通常會導致長遠的態度改變；而周邊路徑較情緒化，更易受直覺和外部因素與偏見的影響，此類訊息的說服力可能不太持久。

他們所提出的典範，已廣泛用於調查各方面的態度變化，從廣告、政治民意調查到醫療保健等，比比皆是。此理論與約翰的友人——諾貝爾經濟學獎得主暨心理學家康納曼（Daniel Kahneman）後來在2011年出版的暢銷書《快思慢想》中提出的觀點，非常相似。

儘管約翰最初是在心理學領域嶄露鋒芒，但他從不希望心

理學成為一座孤島。約翰對數學、醫學、科技、物理同樣深感
興趣，並認為心理學可做為「樞紐學門」，藉由共同的抱負，
聯合不同領域，來理解我們生而為人的意義。約翰與俄亥俄州
立大學的同事兼摯友柏森（Gary Berntson），在1992年共同新創
了「社會神經科學」一詞，當時他在心理學領域的同僚，多半
認為這個新領域的名稱有所悖逆與矛盾。在心理學領域裡，社
會學和生物學觀點之間一直存在著鴻溝，而約翰想為此建立橋
梁，如今看來可說是高識遠見之舉。時至今日，神經科學幾乎
結合了各個學門，而社會神經科學也成為蓬勃發展的領域。

孤獨博士

　　約翰很喜歡俄亥俄州立大學，在該校取得博士學位後，他
成為心理學系的臺柱。他也熱愛俄亥俄州立大學的「七葉樹」
橄欖球隊，愛到甚至叫他分心。所以，約翰常說這是為何他在
1999年離開哥倫布市，前去芝加哥大學，因為芝加哥大學沒有
橄欖球隊，他可以心無旁騖，而且該校聘請了他去主持社會心
理學系，並成立認知暨社會神經科學中心。

　　約翰在芝加哥大學開展了他拯救生命的研究，探究孤獨的
危險，這或許也是他最著名的研究。約翰在一篇又一篇的論文
中指出，孤獨是一種危險的狀態，具感染性、遺傳性，如同每

天抽一包菸一樣致命。約翰比世上任何人都更清楚社會關係對
個人身心健康的重要性。

可惜的是，這些知識並未為約翰帶來幸福的愛情生活，他
結過兩次婚，也離過兩次婚。約翰常說自己在度假時是模範伴
侶，但一回到家，恢復正常生活時，他便與他的真愛——工作
重逢，而他的人際關係總是因此受到影響。

♥ 魅力酒吧

那天在上海，行程十分累人：談話、簡報、問答、交流、
記筆記、在桌上滑動小水瓶。我的演講談到了愛對擴展心智的
力量；約翰則在開幕致詞時，討論了孤獨令人麻木的危險。我
原想在會後上前祝賀他，但他受到仰慕者包圍。

當晚，主辦單位在前法租界區的「魅力酒吧」舉辦晚宴，
我在宴會上再見到他。會議中心刺眼的霓虹燈，換成了令人放
鬆的LED燈光和燈籠照明。我走上燈火璀璨的樓梯，進入樓上
的酒吧，裡面有著大面落地窗，一眼望出是上海的高樓大廈形
成的天際線和黃浦江。酒吧裡擁擠吵鬧，但仍有一些安靜的角
落，可以好好坐著聊天。

約翰坐在吧檯邊，與會議主持人閒聊。不知何時，他感到
無聊，便向左轉身，結果看到了我。他誇張的打了個哈欠，讓

人憶起我們相遇的那一刻。

「如果我睡著了，你知道該怎麼做，對吧？」

我們倆相視而笑。那天晚上我們聊了很多。兩人相談時，我感覺彼此之間的界線逐漸縮小、逐漸瓦解，他話還沒說完，我便能知道他想講什麼。我的法語口音像起司火鍋一樣濃，許多美國人都聽不太懂，但他卻一點問題也沒有，完全聽得懂我說的話。我們的對話中經常出現「我也是！」和「我同意」，次數頻繁到自己都不好意思了。若是兩人在擁有如此流暢協調的對話之際、並肩坐著並連接至腦電圖儀器，兩人的腦波基本上是同步的——神經科學家稱之為「腦對腦曳引」（brain-to-brain entrainment）現象。

突然間，約翰問我是否單身。

我羞赧了起來，用一句老套的臺詞，回答他：「我嫁給了工作。」

「我也是。」

然後，約翰向我傾吐他在伴侶關係上碰到的問題、他的離婚，儘管他已經盡了最大努力，還是覺得自己依然為愛他的人帶來了諸多痛苦。約翰說，他認為自己隻身一人可能比較好，「我並不感到孤獨，只是習慣獨身。」

約翰說，他對工作的全心投入，意味著自己無法時時給予另一半應得或需要的關注和時間，而他不想冒險傷害自己在乎

的人；他也不希望當伴侶告訴他要減少工作、說他會筋疲力盡或他應該休息時，會發生不可避免的衝突。

我懂得他的感受，也許我們過去的經驗不同，但最終殊途同歸，我們同樣珍視獨身和個人自由。

如今回想起來，令我難以置信的是，當時的我們竟都並未震懾於自己充滿諷刺的處境，人稱「孤獨博士」的約翰和「愛情博士」的我，實際上並未實踐我們所一直宣揚的道理。我們的研究從光譜的兩端，強調了人對社會關係的需求；然而我們二人卻又都傲慢的認為，自己能夠單打獨鬥。我們是否像是會抽菸的醫師一樣，不太理智，以為只要自己夠熟習某種疾病，也許就不會生病？

隨著我們的談話內容加深，周圍的同仁開始一個個逐漸散去，回房休息。我們將吧檯椅轉了向，傾身面向彼此說話 —— 所有跡象全都流露出兩人彼此吸引。

若當時的我停下來思考眼前情況，可能會意識到從神經學和生物學的角度來看，自己儼然已經愛上他。隨著我們益發親密，我腦部的報償迴路充滿了多巴胺，產生一股快感，我的心跳加快，腎上腺素讓臉頰的微血管擴張，使我臉紅。而我的正腎上腺素水準也飆升了，一股興奮、緊張的能量油然而生，讓我能專注於兩人的談話，也讓我忘了時間。

約翰說道：「天啊，竟然已經午夜了。」

　　我們連續聊了三個小時，而我是一早的班機，我們喚了喚仍在店內的幾位教授，一起走出酒吧，步履蹣跚。

　　「妳先請。」約翰邊說著，邊為我開了門。我們走進深夜無燈的街道上，我一如往常抬起頭，看著頭頂上的月亮猶如燈塔般發出皎潔的光芒，必須仰頭九十度才看得清楚。在我所有觀星的夜晚中，從未見過像今晚一樣的月亮。約翰用他的手機拍下照片，然後我們互道晚安，各自回飯店房間休息。

♥ 鏡像神經元系統

　　為何我們一拍即合？如今拉開點距離後，我終於得以推敲原因，絕大部分與我們有多少共通點有關。事實證明，找到相似的共通點是互相吸引的一大預測指標。研究顯示，當兩人相互模仿對方的動作，玩起簡單的鏡像遊戲時，會更深受對方吸引到驚人的程度。

　　約翰和我當然有許多共通點：我們都熱愛自己的工作；我們都習慣在日出前醒來，好整以暇的準備一頭栽進工作；我們都有義大利血統、奉行平等主義、還具備有點幼稚的幽默感等等。但是，這些共通點無法完全解釋我們之間的特殊連結。我才剛認識約翰，但他給我的感覺並不只是一個志趣相投的陌生人，更像是失散多年的親人。我彷彿在他身上看到了某部分的

自己。我們心意相通，知道彼此想說什麼，想法上也能互補。

從生物學角度來看，這十分合理：當我們對另一個人而言變得重要，並深度共享同樣的身分認同時，便可利用大腦的鏡像神經元系統（mirror neuron system, MNS）功能，來預測對方的行為、甚或意圖。

如第1章〈社會腦〉內容所提，神經元是大腦的基本構成要素。當人執行動作或觀察到其他人的動作時，腦內動作系統以及負責語言和自傳式思維的區域，有部分神經元的活性會增加。試想，有時看見別人從事您喜愛的運動時，您有多興奮；抑或，僅是看到有人發笑，即便您沒有聽到笑話，也會開始跟著笑。即使只是間接的體驗，涉及此類活動的神經元活性也會增加。大多數人認為「設身處地」是一段緩慢的認知過程，但此種同理反應其實是瞬間發生於大腦細胞群。

鏡像神經元是1990年代初，在義大利帕爾馬大學偶然發現的。當時，世界知名的神經生理學家里佐拉蒂（Giacomo Rizzolatti）正帶領研究人員從事前運動皮質（premotor cortex）研究。前運動皮質是幫助控制動作系統的動作和意圖的腦部區域。里佐拉蒂研究團隊透過手術，將個別的神經元微電極植入獼猴的前運動皮質，在活體內監控腦電活動。每當獼猴移動、去抓取某個物體時，機器就會嗶嗶發出聲響。

有一天，里佐拉蒂研究團隊的成員在餵食獼猴花生時（動

物研究中廣為接受的方法），突然間意識到，每當研究人員拿起一顆花生給獼猴時，獼猴腦中的神經元活性便會增加。獼猴站著靜止不動，但機器卻發出嗶嗶聲，彷彿獼猴自己去抓取花生似的；研究人員將花生送進自己嘴裡時，也發生相同情況，獼猴的神經元反映了牠所觀察到的動作——也就是餵食自己的動作。

有趣的是，這些神經元不僅反映了他人的行為，而且似乎還能「感知」與「理解」行為背後的意圖和動機。舉例來說，當研究人員將花生拿到嘴邊時，獼猴的鏡像神經元毫無反應；唯有當他打算吃花生時，獼猴的鏡像神經元才會受到刺激而活化。之後，里佐拉蒂研究團隊進行了一連串嚴謹的實驗，證實並詳述了這個機緣巧合之下的發現。

♥ 瞬間理解他人的意圖

後來，我獲得了難能可貴的機會，與里佐拉蒂教授合作，共同從事人類受試者的鏡像神經元研究，而且還有幸能用腦電圖儀器，連接這位偉大科學家的大腦，親眼目睹先驅的大腦如何運作。

時間要追溯到我的職涯早期。2007 年時，當時我受邀至備受推崇的神經科學家格萊弗頓（見第 74 頁）博士麾下，主持腦

電圖實驗室。里佐拉蒂教授正好前來參觀，那時我們的實驗室剛從達特茅斯學院搬到了加州大學聖芭芭拉分校。我們調了調這位偉大科學家頭上一百二十八個海綿狀的小電極後，記錄了里佐拉蒂教授的腦電活動，我們讓他看著電腦螢幕上人們拿取簡單物件的圖片，從一杯咖啡到一杯水都有，或人因不同目的而移動的照片，像是舉手拿酒杯喝酒或不喝酒。

　　結果十分驚人。我們首度發現，人類鏡像神經元系統可瞬間下意識的理解他人的意圖。我們將里佐拉蒂教授在非人類靈長類動物中的發現，擴及至人類腦電圖研究。接著，我們使用更大群的人類受試者，複製一連串實驗與結果，並在同儕評閱的學術期刊，發表我們的研究發現。

♥ 相信自己具備理解對方的能力

　　里佐拉蒂教授的鏡像神經元發現，掀起了全球科學研究的浪潮。據說，鏡像神經元與萬事萬物相關，從語言到自閉症，盡皆在內。

　　我不禁心想，相愛的夫妻之所以能深入了解彼此、並預測對方行為，是否有一部分也是因為鏡像神經元的緣故？為了找尋答案，我不找熱戀中的情侶，而是有點反直覺的，找了網球場上彼此競爭的球員，來進行實驗。

　　網球場提供我一個更易於控制的實驗環境，相較之下，多數人類愛情故事上演的舞臺，難以預料的情況特別多；而且，優秀的網球選手就如同戀愛關係中的優良伴侶，必須對自己的對手瞭若指掌。

　　網球迷都知道，像小威廉絲、大阪直美、或費德勒這樣的世界級職業選手，光是發球速度就可高達時速一百四十英里。球速之快，球在不到十分之四秒的時間內，就會到達對手的球拍上，優秀的選手如何準備好回擊這般快速的球，而且一場比賽中還得如此重複數百次？

　　單靠分辨對手的揮拍模式嗎？藉由上場數千小時獲得的經驗，來得知髖部如何轉向或如何輕甩手腕，能讓球飛向特定方向嗎？還是有其他辦法幫助這些運動員，在關鍵時刻預測對手的動作？2013 年的美國網球公開賽上，前世界球王馬克安諾曾說：「球場上最不樂見的就是意料之中。」然而，職業選手為了處於上風，在一場比賽中必須預測對手的動作數千次。難道他們有什麼超能力嗎？

　　為了找出答案，我邀請了經驗豐富的網球選手，進入功能性磁振造影儀器，同時讓他們觀看網球發球的影片片段，影片停在球員與球接觸的那一刻。我自己也會打網球，所以我並不驚訝受試者比初學者更能以驚人的準確度，猜出球的落點；然而讓我感到訝異的是：即便只是觀看發球的影片，也會使鏡像

神經元系統活化，有如受試者自己在發球一般。

然後，我給相同一群優秀運動員看了不同組的影片。第二組影片如同第一組，顯示的是一名網球選手正在發球，但其中有個重要分野，影片中的發球者直到托球後，才知道要將球擊往哪個方向。發球者將球上拋後，站在附近的研究助理會大聲說出指示，像是將球發到場中央或瞄準發球區的對角等等。

這表示：發球者的肢體語言將無法透露出任何有意義的暗示，讓人難以預知他希望球往哪個方向落。此時的發球者正如里佐拉蒂教授實驗室的研究人員一樣，手裡拿著一顆花生，但不打算吃掉它，而在此情況下，受試者的鏡像神經元系統並未發亮，表示鏡像神經元只有在觀察者察覺到另一人行為的意圖時，才會受到激活。

鏡像神經元系統似乎是一種潛意識機制，讓前述參與實驗的優秀選手得以預測球的落點，但此機制也十分脆弱，若受試者想太多、過於深思熟慮、或試圖合理化最初的本能判斷，他們的猜測就不比初學者好到哪去。

因此，網球選手想贏得比賽，必須得先相信自己的身體、生理反應、直覺，也就是相信自己具備理解對手的能力。這使我不禁猜想，幸福的情侶是否也是如此？而我們的人際關係之所以發生問題，其實是自己妨礙了本身與生俱來「察覺他人心意並建立聯繫的能力」所造成的後果。

🩶 孤獨博士與愛情博士的新戀情

中國上海的科學研討會會後幾天，我回到了日內瓦的實驗室。那是 1 月某個嚴寒下午，大湖周遭的懸鈴木頂端積著雪，寒假剛過，學生不是缺席，就是慢悠悠回到校園，而我的研究感覺也像在冬眠，我等待著經費提案的回覆郵件。

那年是 2011 年，新的一年感覺與過去一年差異不大，我三十六、快三十七歲，記得當時的自己感到一陣寒意。

我點開編寫新郵件的功能，想寫信給約翰。但是，我該如何開頭呢？

「親愛的卡喬波教授，」

不行，太正式了。

「嘿，老兄。」

太不正經了。

「記得我嗎？」

太絕望了。

我嘆了口氣，簡單寫下「嗨，約翰」。

接著，便打了更多字句：

「這聽來可能有點奇怪，但你還記得那晚在上海拍的照片嗎？我一直想起那天晚上，我想問你能否傳那張照片給我，如果你還留著的話⋯⋯」

點、點、點——我敲下省略號，勝過千言萬語。

我逐漸意識到，我們在上海的相遇對我而言別具意義，但不知道對他來說是否也是如此。也許他是那種很容易與人來電的人，也許我所感受到的那種罕見的化學反應，對他而言司空見慣，而我也只是眾多同僚之一，早已被他遺忘在人群中。

一小時後，他回信了，信中附上了照片，和一段不相干的附言，關於他正在準備芝加哥一家劇院的演講，他要在劇院演出古希臘劇作家索福克里斯的戲劇前致詞，現在正想辦法將這齣戲和神經科學串連起來。我知道這齣戲，於是匆匆寫了幾句話給他用。

他旋即回覆：「看來她不僅人美，還才智過人。」

好的，現在我們真的在調情了。我們的電子郵件串愈來愈長，很快就變成了無時無刻不在通話、在Skype上聊天，彷彿上海的那場談話從未停下來過。我們聊了彼此的人生目標、我們喜歡如何平淡度過一天、最新的研究突破、以及必讀的期刊論文。

由於我們確實處於相隔兩地的狀態，因此，想要進行第二次約會，情況可能有點棘手。儘管如此，總會有另一場即將舉行的學術會議，下一場就辦在荷蘭的烏特勒支市。我飛去一個星期，我們順路去了阿姆斯特丹，沿著運河散步，走了很長一段路。前去藝術博物館的路上，我們的手在計程車後座不小心

碰在一起，從此以後，只要在彼此身旁，我們幾乎都是手牽著
手。

　　下一場會議在智利，會後我們搭乘小飛機，前往世界最南
端的城市——位於巴塔哥尼亞的烏斯懷亞，還戲謔的說我們如
何追隨彼此到天涯海角。我們把這段剛萌芽的戀情當成祕密，
並未告訴其他同事。此時此刻，這是屬於我們兩人的幸福。我
們會偷溜出會議中心，一起共進浪漫晚餐；早上，我們在機場
的貴賓休息室依依不捨，害怕總是來得太快的登機廣播。

💙 真命天子

　　要讓兩名研究「人際關係」的神經科學家成功談一場異地
戀，猶如跳一場怪異的舞蹈。我們理解每個意圖，深知剛交往
的情侶所採取的每一步背後的潛臺詞，明白每個行動對我們身
心的影響。我們知道當彼此眼神交會時，鏡像神經元系統正受
到刺激；當我們擁抱時，大腦正釋出催產素；當我們比較兩人
所有相似之處時，其實是在衡量人我的重疊之處，或是情侶感
覺一體的程度，這是伴侶關係健康狀況的重要預測指標。然而
這一切都並未減弱我們找到彼此的興奮感，也沒有讓我們感到
特別害羞或尷尬。

　　幾個月以後，我打電話給母親，告訴她關於約翰的事。她

苦等了許久，才終於等到了我找到真命天子，而我自己則是花了很長時間，否定此事發生的可能性。我原以為自己早已選擇了沒有愛情的生活，因為我想將人生奉獻給科學。但直到我遇到了約翰，才意識到自己不僅有愛人的能力，也有對愛的需求——過去我在研究對象身上，發現了人對愛的需求，但自己卻從來沒有。

　　母親一接電話，真相傾瀉而出，我意識到自己一直遲遲不願談戀愛的原因，因為我以為必須或多或少改變自己，來配合他人。我聲音沙啞，說：「媽媽，我想我終於找到一個像我一樣愛我的人。」

第6章

愛慾之間

我們的愛超越愛。

—— 愛倫坡

我除了愛上了約翰的才智之外，無可否認，他的外表也深深吸引我：他充滿靈性的眼睛、燦爛的笑容、他的一舉一動、還有他美好的體格。這便我不禁猜想，若是相同的人有著約翰的內在，但外貌較不吸引我的話，我們還會一拍即合嗎？

當我感性詩意時，會回答「我們當然還是會合得來」——我們還是可以像詩人康明斯（E. E. Cummings）所說的，「即便星辰倒退，我們只為愛而活」。然而，當我以科學家的心緒思考時，便開始好奇：外表的吸引力對建立長久戀愛關係確切的影響為何？當一對愛侶缺乏肉體上的吸引力時，能否擁有那種點燃大腦愛情網絡的熱情連結？沒有慾望的愛能長久嗎？

♥ 柏拉圖式愛情存在嗎？

關於這些提問，自古以來，詩人、詞曲作家和哲學家已提出了各種不同版本的問題，但從未得到明確的答案。我們之所以如此困惑，與我們如何定義「愛」有關。若你曾經熱烈愛上智性和外貌都難以抗拒的人，就會明瞭那種難分難解的情感；相較之下，若你曾暗戀過朋友，約莫就會明白自己可以「愛上」某個人、但不見得想與他們發生關係。你可以在精神上迷戀一個人，痴心想念他或她，在收到他們的訊息時興奮不已，但是卻從未想過要與他們有更進一步的身體接觸——這是一小部分

人全部的親密關係；根據近期研究，約有百分之一的人為無性戀者（asexual）。

　　早在1960年代，美國心理學家滕諾夫（Dorothy Tennov）便針對五百名男女的戀愛偏好，進行了調查。約有百分之五十三的女性和百分之七十九的男性同意「他們曾受到某些對象吸引但並未感覺『絲毫愛意』」；多數女性（百分之六十一）和相當比例的少數男性（百分之三十五）同意「他們可在毫無身體慾望的情況下談戀愛」。

　　對現代人而言，這些數字似乎出乎意料。如今我們幾乎無需證據，便知道不一定要有愛才有慾望，但是沒有慾望的愛情呢？真愛有可能完全柏拉圖式嗎？

　　聽起來可能有些不切實際，但美國退休人員協會在2009年針對兩千多名美國成年人，就他們對愛情和關係的看法進行全國代表性樣本調查，結果發現十八歲以上的受訪者中，有百分之七十六的人同意下列說法：愛可以在沒有「熱力四射或活躍」的肉體關係下存在。有趣的是，同意此說法的女性（百分之八十）僅比男性（百分之七十一）略高一些。過去也有許多有意思的個案研究，證明此種柏拉圖式戀愛關係可能存在。

　　以小說家吳爾芙和她丈夫為例。除了身體以外，他們各方面都是感情融洽的愛侶。然而，對吳爾芙而言，幸福的愛情意味著「所有一切，包括愛、孩子、冒險、親密關係與工作」，

丈夫蘭諾（Leonard Woolf）可以給她其中大部分的東西，他是忠實的伴侶、她的知己和夥伴、她人生的嚮導，以及她在藝術創作和情感危機期間的支柱，但蘭諾不是她的性伴侶；吳爾芙喜歡女性，她曾在追求期間的通信中，承認自己的感受：「我從有點愛你，到希望你能和我永遠在一起，了解我的一切——我極端狂野又極度冷漠的一面。有時我會心想，嫁給你我便能擁有一切，然後，我擔心起性方面的問題會不會成為我們之間的阻礙？正如我前幾日殘忍的告訴你那樣，你對我沒有任何身體上的吸引力。」

他們終究還是共結連理，蘭諾在婚後三十年，竭盡所能的支持妻子。最後，吳爾芙在五十九歲自殺時，留給了蘭諾一張便條，上面寫道：「你盡力給了我最大的幸福……我不認為世上有哪一對伴侶，能比我們過得更快樂。」

若這不是愛情，那是什麼？然而，不可否認，吳爾芙也錯過了對於多數夫妻而言，維繫長久滿足關係的要件。

這又讓我們回到了棘手的定義問題。若將愛情廣義的定義為一種深切的情感與依戀，我們自然可以愛一個人而不渴望他們的身體。然而，若是根據愛情獨特的神經生物學設計藍圖來定義，慾望顯然不是伴隨著戀愛關係出現的特性，而是愛情不可或缺的要件。

正如我稍後將談到的，此種慾望不見得和性相關，但一定

與肢體接觸有關。我的意思是，慾望不僅必須涉及心智，還與身體有所關聯。

💜 所謂做愛

當我們將慾望與愛結合，性愛體驗便成了「做愛」。我們以為「慾望」主要關於身體、利己，目的是滿足個人的生理慾求，注重的是當下，而非未來。而我們以為「愛」較無關乎身體，而是關乎心智、內心或靈魂；較無關乎個人，而是與伴侶關係更相關；較少關乎「我」，而是更關乎「我們」。當一對情侶做愛時，他們是刻意結合，以身心交流言語無法傳達的情感，透過肢體的結合，體現愛侶時常追尋的契合感、情感交流和連結，分享彼此的感受，甚至重新調整關係和解決歧異。

然而，從神經生物學層面來看，我們愈關注愛與慾望之間的分野，兩者間的界線就愈模糊。試想一個外表對你極具魅力的人，即便你認為自己對他的感覺純然是身體上的吸引力，但每次（真實或想像）的愛撫和親吻，大腦都會讓事情變得更複雜，因為你所經歷的愉悅，與你墜入愛河時，淹沒你身體的神經化學物質（從多巴胺到催產素）都相同。這便是為何人可能會愛上自己曾以為只是「炮友」的人的原因。

肢體的親密接觸，不僅有助於我們與伴侶建立情感連結，

也讓我們領略到肉身的重要性，讓我們體會到作家坎伯（Joseph Campbell）所謂「活著的喜悅」。坎伯認為活著的喜悅遠比追求某種模糊的意義更為重要，而這也是我們大多數人的人生所真正追尋的。坎伯說，目標是「讓純然肉體層面的生活體驗，與自己內心深處的存在感和現實感共振」。

♥ 眼神是最可靠的愛情指標之一

我們甚至早在自己意識到之前，便已感受到慾望、並做出反應。例如，某日陽光明媚，您與另一半手牽著手，在公園散步，突然之間，一位漂亮的慢跑者從你們面前經過，您的伴侶的眼神立刻像磁鐵一般，被慢跑者的身材吸引。許多時候，您的伴侶甚至不會注意到自己正盯著別人看，除非您直接點名，而且還是帶著惱怒的眼神。

「什麼？！」伴侶不解的問道。

我們鮮少意識到，自己的目光和注意力絕大程度常不自覺且無意識的受到感興趣對象的吸引。我和研究團隊利用可準確辨識受試者注視位置的「眼動追蹤研究」發現：當我們向受試者展示在其眼中外表頗具魅力的人的照片時，即便照片中的人穿著衣服，他們的目光依舊會本能的落在影中人的軀幹上；但當看到可能會愛上的潛在對象時，他們的目光會直接落在照片

中的人臉上。而且，潛在的情感連結愈強，他們的目光就愈可能集中在眼睛上。

　　先前，其他學者的研究顯示，眼神接觸是夫妻或情侶之間最可靠的愛情指標之一。而同樣的研究也指出，當人感覺戀愛時，相對於身體部位，他們的眼神會更集中於人的臉部。

　　也許這就是人們所謂「一見鍾情」的成分？正如我在上海遇見約翰時，深受他吸引一般，當我們的眼神受到某人的面貌所吸引時，意味著此人對我們而言可能是特別的。

　　耶魯醫學院的研究團隊在2020年發現了即時、直接的眼神接觸，會喚醒大腦愛情網絡中的核心腦部區域——角腦回，此發現也間接凸顯了眼神交流在戀愛關係中的重要性。在這項研究中，三十名健康成年人（即十五對伴侶）彼此隔著一張桌子對坐，每名受試者均被要求以眼睛凝視伴侶九十秒（每十五秒休息一次）。整體的結果顯示，伴侶之間相互凝視，會增加對戀愛關係至關重要的神經迴路活動。

　　1969年，威斯康辛大學的博喜得（見第73頁）和夏威夷大學的哈特菲爾德（見第73頁）兩名勇敢的女性社會心理學家，推出了一本劃時代著作《人際吸引力》，為奧祕的愛情研究奠下基石。此後數十年間，她們進行了嚴謹的描述性統計和實驗研究，為現今多數已知的人際關係心理學、及其在世界各地的文化演化研究，奠定了基礎。哈特菲爾德和博喜得認為，愛和

慾望可以分開體驗或共同體驗。而據她們解釋，外表的吸引力是愛上某人的關鍵要素，至於已成為愛侶之後，外表的吸引力就沒那麼重要了。

💎 難分難解的愛與慾

愛和慾望的科學研究領域中，另一位重要權威是紐澤西州立羅格斯大學的生物人類學家暨自我成長書籍作家費雪（Helen Fisher）。她利用調查數據和功能性磁振造影，進行了縝密的研究，並得出開創性的理論：愛和慾望可視為集合了不同腦部系統的兩種特殊現象。

她理論中的第一個腦部系統，與性慾有關，主要涉及原始的腦部區域，這激發了人類的渴望，去尋找各種伴侶；她理論中的第二個腦部系統，則將我們的交配能量一次聚焦於一個人身上，並導致某種迷戀的狀態，此時身體和大腦的感覺十分類似於嗑藥的體驗；第三個系統是依戀，創造出「對另一人有著依依不捨的深刻感受」，使人能夠長期「容忍此人」，類似我們與摯友、伴侶或隊友建立的情感聯繫。

幾年前，約翰和我前去參加科學研討會的路上，碰巧在走廊遇見了費雪，我們很開心彼此終於遇上了，畢竟愛情科學是我們共通的研究興趣，雖然我們的背景和訓練不同，但她和我

一致認為，這些大腦系統通常運作方式非常複雜，尤其是碰到激情之愛（passionate love）時。

愈來愈多神經科學研究顯示，激情之愛和慾望也許仰賴著一個相輔相成且統一的大腦網絡。此網絡不僅利用了所有靈長類動物都有、基本的交配慾望或渴望，還利用了人類獨有的腦部區域所具備的複雜認知能力。更深入觀察大腦會發現：激情之愛和慾望雖然常被視為相對或彼此抗衡的力量，但兩者其實可能是共同發揮作用，彼此互連共存。了解它們如何與何時產生聯繫，將有助於我們成為更好的伴侶。

激情之愛結合慾望，可能有助於加深我們與另一半的情感連結。我掃描了二十九名在戀愛激情量表獲得高分的年輕女性大腦，然後向她們提出了一連串問題，結果發現：女性自認與伴侶的感情愈親密，對兩人的性關係就愈感到滿意。據研究顯示，這些女性腦部的腦島（insula）區域也最為活躍，讓我不禁好奇原因為何。

腦島過去曾以「賴爾島」（Island of Reil）這個別具意義的名字稱之，這是以兩百前發現此腦部區域的德國解剖學家賴爾（Johann Christian Reil）來命名。腦島位於大腦皮質深處、額葉與顳葉之間的一個腦溝裡，對自我意識至關重要，也會對疼痛、成癮、音樂、飲食獲得的愉悅等諸多不同刺激有所反應。無論是想吃三明治、想喝奶昔、或是想要按摩，腦島正是幫助我們

意識到自身渴望的區域。

神經科學家推測，腦島之所以會受到各種體驗的刺激而活化，是因為它的重要功能除了調節免疫系統和體內恆定之外，其中之一是幫助我們理解身體的體驗，並賦予其價值。然而，我重新檢視了所有現代文獻，彙整了二十項研究和四百二十九名受試者的實驗數據，進行深度統計分析，結果發現慾望並不會活化整個腦島，而是僅有腦島後端的一處特定區域──後腦島（posterior insula）會受到刺激；同時，愛的感覺則是刺激了前腦島（anterior insula）。情況真是愈來愈撲朔迷離了！

這種由後往前的模式，符合了人類大腦整體的發展趨勢：腦後端的區域通常涉及當前、具體的知覺、感受和反應；而前端區域則較偏向抽象思維或內省意識，意即我們看待自己的感受與方式。

其他造影相關研究，揭露了另一個對愛和慾望有類似的分工合作區域，即皮質下區域之一的紋狀體（striatum）。紋狀體主要負責處理報償體驗。腹側紋狀體（ventral striatum，即紋狀體的下側）會對感官接觸和食物等我們天性享受的愉悅活動有所反應，也會受到慾望大幅刺激而活化；但是背側紋狀體（dorsal striatum，即紋狀體的上側）主要負責評估此類體驗的預期報償價值，則更易受到愛的感覺刺激。

我們在一篇又一篇的科學論文中發現，愛和慾望會刺激大

腦相同區域互補的部分，因而更凸顯出愛和慾望不見得是彼此對立的力量，反倒可能是彼此相互影響發展而生。愛基本上是一種抽象表徵，反映了慾望所代表的內心報償感受。慾望如同被壓榨的葡萄，而愛則是以時間和照料、用葡萄汁製成的靈丹妙藥。

♥ 複雜的雙人探戈

　　神經科學家用來檢驗理論的方法之一，就是尋找他們正在研究的腦部特定區域因疾病、中風或事故而受損的病人。這些神經學的個案研究，通常以單一病人為研究對象，提供了難能可貴的機會，讓我們得以了解人類大腦功能和行為之間的因果關係，而不只是相關性。

　　從我的職涯之初，我便一直仰賴個案研究，來取得研究上的突破。2013年，為了深入理解腦島對愛情的影響，我利用自己在神經學領域的人脈，尋找腦島發生病變的病人。我與阿根廷布宜諾斯艾利斯認知神經學研究所的馬內斯（Facundo Manes）博士和庫托（Blas Couto）博士取得聯繫，他們認為有位病人可以幫助我解開這個謎團。

　　我們姑且稱呼此位病人為RX。他年約四十八歲，是異性戀，除了最近一次輕微中風之外，其他方面都很健康，而中風

所導致的病變僅限於他的前腦島。假設我們先前關於愛情的功能性磁振造影研究的統合分析是正確的，那麼理論上，前腦島的損傷應該或多或少會影響RX建立和維繫親密關係的能力。

RX前去找神經科醫師就醫時，還帶著中風的典型症狀，但所幸其中多數像頭痛、面癱或言語障礙等症狀，都只是暫時性的。當我們的團隊與他會面時，他既不沮喪也不太過焦慮。RX的一般智能並未受中風影響，而且社交智力似乎也完全無損。經過測試證明，他可以輕鬆辨識基本的情緒，並同理他人的痛苦。

我們設計了一項特殊實驗，來判定中風是否導致RX在愛的能力上出現了潛意識的缺陷。同時，我們也招募了由七名健康男性組成的對照組，他們在年齡和其他人口統計特徵上，與RX相仿。然後，我們向RX和對照組成員展示了一連串精心打扮的女性的照片，如同在約會軟體資料中看到的那樣。受試者會針對每張照片做出選擇——決定他們只是覺得此名女性的外貌很有魅力？還是覺得自己有可能會愛上她？

談到可能會愛上的女性數量時，RX看來與對照組差別不大。然而有趣的是，RX做決定的時間卻遠比對照組更久。不過當說到潛在渴望的伴侶時，RX和對照組決定的速度一樣快。

病人並未注意到自己愛人的能力有什麼缺陷，但也許他的妻子感受到了？因為RX中風後的某個時間點，他和妻子分開

了。原因自然相當複雜，畢竟他們本就時常分分合合，但我不禁心想，做為大腦愛情網絡支柱的前腦島受損，是否與他的婚姻走向盡頭，有一定關係？

💙 沒有慾望的愛並不完整

隨著神經科學家持續梳理大腦中愛情和慾望的根源，您可能會想知道，如何將此門研究應用於自己的愛情生活。

在多數國家，絕大部分的人（百分之七十八至九十九）認為理想的愛情是「與伴侶擁有忠實的婚姻生活」。不幸的是，大多數夫妻都曾經遭遇一些身體親密關係上的問題。夫婦隨著年齡漸長，很容易失去最初吸引彼此的激情。研究顯示，隨著年紀增加，夫妻發生身體親密關係的次數有時會隨之下降，若有孩子的話，更是明顯減少。夫妻身體親密關係的失衡問題驚人的普遍，百分之四十三的美國女性和百分之三十一的男性表示，曾在婚姻中經歷過某些身體親密關係方面的困難。三分之一的美國人不是毫無性慾，就是性慾低落。而這些問題據稱大幅增加了伴侶分手的風險。

身體親密關係問題在長期伴侶間，確實十分常見，但夫婦為自己設定的標準通常也相當高。根據社會學家艾略特（Sinikka Elliott）和翁博森（Debra Umbersen）指出，大多數夫妻認為身體

親密關係對他們的婚姻「非常重要」，而健康的愛情生活在文化上也被視為「婚姻幸福」的象徵，這意味著多數戀愛中的人認為沒有慾望的愛並不完整，而神經科學的發現似乎強化了此種觀點——因為腦島是大腦愛情系統中的重要區域，而腦島除了需要充滿激情的身體接觸外，似乎還要有深刻的情感和認知連結，才能充分活化。

儘管如此，我們能否透過其他非性交的方式，來彌補身體上欠缺的化學反應、並刺激後腦島？我說的並不是像腦深層電刺激（deep brain stimulation）如此尖端的技術，至少目前而言，這種技術最好還是僅限於臨床環境。反之，我說的是利用簡單的行為來刺激大腦，也許會有幫助。

🩶 食、色，性也

記住，食物也能使後腦島活化，此大腦區域掌管了味覺的覺察、感知、辨識和記憶。所以，若您與伴侶在情感聯繫上遇到困難時，不妨進廚房碰碰運氣。兩人可以試著一起烹飪、共享美味佳餚、或自創新食譜，哪怕只是無肉漢堡或沙拉，你們只要一起專注於口味的新奇、共同體驗的感官，然後就交給腦島和你的大腦來施展魔法吧。

　　除了味覺的刺激之外，後腦島就如同各種感官和身體體驗的雷達。因此，與伴侶依偎、擁抱、或兩人一起聞著芬芳的香氣，也可能有助於活化後腦島。

　　而且，如瑞典神經科學家莫里森（India Morrison）所強調，後腦島位於緩衝壓力的大腦迴路中，意味著此類愉悅的感官體驗，將為您和另一半帶來安神鎮定的效果。

　　其他活動像是一起散步、跑步或跳舞等，都有助於刺激和活化後腦島。研究顯示，一起跳舞的伴侶感到更幸福，不僅是因為這會再次觸發腦島中迸發的身體愉悅感，而且還有助於減輕壓力，提高關係滿意度。

　　藉由本章，希望您能了解我們與愛人的情感連結是來自於認知和身體反饋的深刻聯繫。而且幸運的是，說到腦島，喚醒感官的方法可不止一種。

為什麼要戀愛
Wired for Love

第7章

花都盟誓

多少幸福被心理準備給摧毀，那愚蠢的準備！

—— 珍‧奧斯汀（Jane Austen）

2011年9月28日早晨醒來時，我並不曉得這一天將是我的大喜之日。約翰受邀參加在巴黎舉行的麥克阿瑟基金會活動，會議融合了十二位來自各領域的國際學者觀點，全都是對老化研究貢獻良多的專家，其中包含了全球最頂尖的公共衛生專家和心理學家。約翰則是獲邀前來討論年長者如何防止自己身陷危險的孤獨感。此時，我們已經談了好幾個月的遠距離戀情，而且漸漸善於兼顧工作和娛樂。

我在前一天下午，從日內瓦坐了高鐵到巴黎。火車高速穿過瑞士的侏羅山脈和法國勃艮第的葡萄園，我正試圖用筆電工作，但我實在太過期待，以致無法專心。與約翰分別數週十分難熬，但小別卻讓我內心更加愛他。這可不僅僅是一種說法，而是科學。

💜 遠距離戀情

2013年一項有趣的研究顯示，遠距離關係中的情侶或夫婦相較於天天見面的伴侶，擁有更有意義的互動，儘管他們只能透過訊息、電話和視訊交流，但矛盾的是，這卻讓異地戀的情侶或夫妻的情感更深刻。不僅如此，我們也在社會性動物中，看到距離刷新關係的力量，甚至在大象身上都觀察得到，牠們在長時間分開後，會更悉心問候彼此。

　　部分原因在於「社會腦」天生偏好新奇的事物，而距離讓我們不將他人的陪伴視為理所當然，提醒我們最想念另一半之處，莫怪乎離別是如此甜蜜的悲傷，因為重聚的感覺美好到令人心痛。

　　會議那天，約翰成日都在與同事爭論方法論的細節、以及各種介入方法的價值。但是當太陽從浪漫之都的天空落下時，他便先與大家告辭，來與我見面，我們打算沿著塞納河散步。我們一看到彼此，便加快腳步，然後一把抱住對方。

　　我和約翰一路邊走邊聊，雖然並未訂位，但最後還是順利在浪漫的銀塔餐廳坐了下來。這家百年老店座落在塞納河畔，我們坐在一張小桌邊，一眼望去便是聖母院背面，所有雕飾精美的飛扶壁都沐浴在琥珀色的餘暉之中。約翰放棄了有無數道菜、會打斷我們談話的經典主廚套餐，反而點了法式榨鴨和兩杯香檳，使得穿著三件式西裝、沉默寡言的服務生，流露出驚訝的神色。

　　「今晚跟餐廳主廚無關，我們才是重點。」他如此說道。

　　隔日，我在飯店房間撰寫論文。我記得那天感覺已經夠特別了，因為 9 月 28 日是婆婆的生日。我真懷念她，真希望她仍在世，親眼見到約翰一面，他現在正式成為了我的未婚夫，婆婆肯定會很喜歡他的求婚方式──單膝跪地；婆婆應該也會特別欣賞約翰在我答應求婚後，堅持去電我父親，告知他們，約

翰請求與我攜手共度一生。我父母聽聞消息後，喜極而泣，因為他們深知約翰會像他們珍惜彼此一樣，如此愛護我。

我們因為訂婚太過開心，而忘了規劃婚禮這等小事，以為船到橋頭自然直，畢竟光是目前，我們就已經有太多工作要做了。

💙 我們結婚吧！

那天在巴黎，約翰早早離開了飯店，和其他與會者會面。經過上午漫長的會議之後，他和史丹佛心理學家、也是他好友的卡斯滕森（Laura Carstensen）一起稍事休息。他們上次見面是一個月前在芝加哥奧黑爾機場，當時約翰正要來歐洲參加另一場會議（以及和我的另一場約會）。但是，嚴重暴風雪延誤了他的班機。

「往好的方面想，航班取消的話，你就不用演講了。」卡斯滕森如此告訴他。

突然間，約翰變得認真無比，他說：「不行，我要去見一個重要的人。」

然後，他開始向好友娓娓道來關於我的事，我們在上海偶然相遇後如何愛上對方，以及為何他需要搭上那班飛機。卡斯滕森很清楚約翰離婚兩次當中所有不忍卒睹的事蹟，她很驚訝

當約翰說起我時，彷彿我是他最後一次戀愛機會，約翰說希望這次自己能好好表現，維繫這段關係。

現在，卡斯滕森人在巴黎，想了解我們的最新進度：「你和史娣芬妮還順利嗎？」

約翰露出靦腆的笑容，說：「我們要結婚了。」

「天啊，約翰，手腳真快！恭喜你！我很為你開心。你們決定好日子了嗎？」

一時間，約翰神色迷惘。

「我不曉得我們是否會舉行正式的婚禮。史娣芬妮和我都很忙，說不定就趁午休時間，去芝加哥市政廳公證了。」

「你知道的，我現在就可以為你們證婚喔。」

卡斯滕森剛被任命為線上牧師，還為她的一位研究生主持婚禮。她後來告訴我，「她其實話裡沒有一絲認真」，她的提議純粹是玩笑話，但約翰似乎當真了。

「你是指今天嗎？你知道的，史娣芬妮和我，兩人都在巴黎……好像真的可行！」

約翰抓起手機，開始輸入要發給我的訊息——**你想在今天工作結束後結婚嗎？**

卡斯滕森說：「等等，約翰！你在做什麼？！你瘋了嗎？這些事必須從長計議。」

約翰似乎聽不進去，而下午場會議即將開始。卡斯滕森只

能搖搖頭，小聲嘀咕：「約翰，你太不懂女人了。」

約翰調皮的笑了一笑：「但你不懂史娣芬妮。」

所以，我那天想結婚嗎？當約翰的訊息閃現在我的手機上時，我確實多看了兩眼，但我只用了兩秒鐘，就給出了答案：「當然好。」

於是，我便衝出飯店房間，去買白洋裝。

💙 過度期待會扼殺感恩的心

姑且不論結果如何，讓我又驚又喜的是，約翰立刻找到了讓我們的婚禮既特別又獨一無二的方式。當然，如此隨興的婚禮不見得適合所有人，但值得思索的是，「出乎意料」在愛情中可能發揮的作用？以及，保留更多隨興的空間，是否更有益於親密關係？

我們諸多的社交經驗都與期待有關，尤其談到感情時，更是如此。也許早在遇見終生伴侶前，我們就已經先設想好結婚對象是何模樣，我們通常稱之為某種類型或理想對象。抑或，我們會有心目中所謂的「完美的初次約會」，像是在湖濱散步、山林健行、或浪漫餐廳用餐等。

婚禮不僅可讓人藉機大肆宣揚自己的愛情，還是展現本身高品味和人脈的大好機會，所以，也許人人心裡都有所謂婚禮

該有的樣子；或者，我們更清楚婚禮不該是什麼樣子。

倘若這些期待能引領我們走上幸福的康莊大道，自然沒有問題。但請容我反駁，諸多時候，所謂的結婚計畫也可能只是某種思維陷阱，迫使我們追求社會或傳統所認定的幸福，而此種期待也許永遠難以實現，或是一旦達到之後，其實無法讓人感到快樂。

為了證明這個觀點，耶魯大學心理學家魯特萊奇（Robb B. Rutledge）和同事共同進行了一項實驗，他們讓受試者玩一個有小額獎金的決策遊戲，並在遊戲開始前，請受試者先預設自己期待的報酬。結果顯示，遊戲玩家的幸福感並非取決於最終贏得的獎金多寡；反之，他們最初設定的期望值與實際結果之間的落差，才是預知幸福程度的指標。結果顯示，若受試者並不期待自己勝出的話，即便只贏了極少的錢，也感到很開心。

若將這個期望公式套用到戀愛關係上，愈不期望愛有所回報，幸福的機率就愈高。這也與大型研究的結果一致。研究顯示，設定切實的期許有助於提升關係滿意度。話雖如此，調整期許不代表要降低自己的期待，重點在於不受社會壓力所圍。我們往往不了解自己真正想要或需要什麼，以及不需要什麼，並在此前提下受到社會壓力驅使，而去追求不切實際的期望。

放下期待的重點在於：必須讓人感覺那是一種寬大為懷的行為，是對伴侶關係展現信任、而非犧牲。否則，您可能會覺

得自己為了伴侶，放棄了相當重要的事物，進而心生埋怨或怨懟之感，如此一來，可能會帶來嚴重的後果。荷蘭一項有趣的研究顯示，伴侶在另一半為其犧牲時，通常非常感激；但當他們開始期待這種犧牲時，感激之情就會大大減少，而且也不會再以相同的正面眼光看待另一半的付出。此發現與我長期以來的理論相符：過度期待會扼殺感恩的心。

我們天生或多或少會期待伴侶的扶持、支持和犧牲，但人類經過演化的大腦，自有奧妙之處——我們的神經系統可以控制這種傾向，而且如果受感動的話，我們對伴侶的期待值就會降低，甚至會「刻意」連本帶利，給予更多回報。下次當您和另一半計劃來一頓浪漫的晚餐之約時，若他或她因為開了一整天的會而看來筋疲力盡，問問自己何者比較重要：堅持當晚的計畫？還是為了伴侶和您自己著想，把計畫放一邊？您也許會發現，即便只是兩人簡簡單單 起分食蘋果派，或在舒適的後院蓋著保暖的毯子一起觀星，都比精心策劃的任何夜晚，更加浪漫。

過度期待不僅使一段關係的生活變得複雜，還可能阻礙你與潛在對象一開始的連結。假設您找到了「命中注定的人」，但卻認不出來，只因您對自己的結婚對象有不同的想法，該如何是好？

反之，若您硬是留在不健康或充滿暴力的關係中，只因您

認為你們本該是完美一對？只因理論上您的伴侶是那個符合所有條件的人？

　　有時，尋找完美伴侶會讓人不顧一切。來自美國印第安納州的沃爾夫（Linda Wolfe）就是一例。她結過二十三次婚，還因此上了金氏世界紀錄，但她從未找到過那個對的人。2009年，她去世前不久，說自己仍懷抱希望：第二十四號丈夫會出現，來實現她的夢想。

🤍 不失赤子之心

　　這些我們為未來編纂、一遍又一遍在腦海上演的夢想、希望、期望和腳本，部分是由前額葉皮質（prefrontal cortex, PFC）負責管理。過去數十年來，前額葉皮質一直被認為是神祕難解的腦部區域，但如今在許多神經科學家眼中，它是最讓我們展現出人性的腦部區域之一。前額葉皮質不偏不倚的位於大腦皮質前端，包含了一些人腦在演化上最新的「硬體」。前額葉皮質在人腦中所占比例很大，又廣為連結腦部各區域，因而有助於促進各種心理功能，像是決策、語言、工作記憶、注意力、規則學習、規劃、以及情緒調節等等。

　　先前我以大腦的「家長」（見第82頁）來形容前額葉皮質，因為它負責告訴我們應該做和不該做的事。前額葉皮質中所發

生的資訊處理過程，是人類最接近佛洛伊德所謂「超我」概念的部分。若是長遠來看有益於我們的發展，或有助於超越個人的事業，此部分的大腦便會幫助我們明辨是非、控制和壓抑衝動、在低潮中看見一線曙光、做出困難的決定、並延遲享樂。

　　有個鮮為人知的事實是：人類的前額葉皮質一直要到二十五歲左右，才發育完全。這就解釋了我們在十八歲時，為何會做一些十年後的自己肯定不會做的傻事，像是倒立喝酒或打舌洞？但儘管我們需要發育完全的前額葉皮質，才能成為正常且負責任的成年人，有時我們也會希望能像年輕時一樣，不懷疑自己的行為，更著眼於當下，活在當下。我常常想起法國詩人波特萊爾（Charles Baudelaire）對天才的定義：無非就是「隨心所欲的重拾童年」。

　　我很喜歡此種思維。當我真正活在當下時，這便是我看待世界的方式，帶著童心，充滿好奇和驚奇的感受。話雖如此，這並非鼓勵人衝動行事，我們絕不會想完全關閉前額葉皮質，因為那將是一場災難。

💙 如何維持前額葉皮質的平衡

　　果真關閉前額葉皮質的話，人將完全受到衝動支配。我們會失控，無法調節情緒、管理內心痛苦、以及完成我們為未來

所做的計畫。我們將無法像孩子一樣，以渴望學習和發掘新事物的眼光看待世界，反而更像患有病變、腫瘤或疾病而影響前額葉皮質前端（又稱額葉眼眶面皮質，orbitofrontal cortex）的病人，無法控制衝動，難以履行個人和專業上的責任，並且經常發生各種失禮的情況。

來自新罕布夏州、二十五歲鐵路工人蓋吉（P. Gage）的著名案例研究，正好說明了前額葉皮質受傷後的性情變化。1848年，蓋吉遇上了一場爆炸，一根鐵棒直接穿過他的頭部左側，大腦受到重傷。他奇蹟般活了下來，但卻和從前判若兩人。他左側的額葉眼眶面皮質嚴重受損，正如為蓋吉治療的哈洛醫師隨後所指出，蓋吉大部分的禮貌已隨之消失了。蓋吉從原本勤懇、彬彬有禮、「精力充沛且努力不懈執行所有計畫」的人，變為「冥頑固執、無禮且反覆無常」。蓋吉性情大變，朋友都說他根本「不再是蓋吉」了。

更新近的個案研究，也顯示出前額葉皮質對人類的社會性至關重要。法國神經學家萊爾米特（François Lhermitte）在1980年代曾遇到一位額葉長了大顆腫瘤的病人，她會漫無目的、跟隨著萊爾米特，拿走他拿著的東西，模仿他的動作，但絲毫不覺得自己行為奇特。同樣的，美國神經學家奈特（Bob Knight）曾要求前額葉皮質受損的病人閱讀下列故事，看看他們能否辨識當中的失禮之處：

　　珍娜買了一個水晶碗，做為朋友安妮的結婚禮物。安妮舉行了一場盛大的婚禮，收下諸多禮物，但沒有逐一記錄。大約一年後，珍娜在安妮家吃過晚飯後，失手掉了酒瓶，砸在水晶碗上，碗被砸個粉碎。

　　珍娜說：「真抱歉，我砸破了碗。」

　　安妮回答：「別擔心，反正我也不喜歡那個碗，不知道是誰送的結婚禮物。」

　　對多數人而言，失禮或失言既明確又清楚，但奈特博士那名前額葉皮質受損的病人，卻全然不理解安妮這番發言有何不妥。

　　雖然前額葉皮質對人的社交能力至關重要，但有時我們卻太受制於此。研究顯示，反芻思考（rumination）、反覆出現消極思維、過於自我聚焦的思維、甚或強迫症，都與前額葉皮質的變化有關。過度驅使前額葉皮質絕非好事，我們的思考會因此缺乏彈性、執著於枝微末節、因過度擔憂而生病、在腦海反覆不休檢視記憶。有此情況的人，會太堅持照著計畫走，想要預測未來，做好準備，追求完美。

　　此種受到前額葉皮質驅使的過度思考，有時反倒有礙創造力。神經科學家使用穿顱磁刺激（transcranial magnetic stimulation, TMS）的非侵入性技術來抑制部分前額葉皮質，以減少其影響

時，我們發現受試者的認知能力增強了，因為他們更擅長解決問題或難題，並且更易於跳脫框架思考。

我們亦可透過心理訓練，獲得類似結果，不論是要針對創意問題想出解決方案，或是找到方法將科學會議變成一場即興婚禮。前額葉皮質受到適當控制時，人不僅更有創意，心情也會更好。研究指出，我們反芻思考得愈少，主觀認知上的生活滿意度和幸福感就愈高。

於是，現在問題變成了：我們該如何維持前額葉皮質的平衡？我們如何享有前額葉皮質帶來的益處——幫助我們規劃、挽救和控制不健康或有害的傾向，但不讓前額葉皮質宰制我們的生活，使我們過度思考、過度焦慮、或衍生其他問題？

換句話說，我們如何不按牌理出牌？如何對 FOMO（fear of missing out，錯失恐懼症）說不，如何享受 JOMO（joy of missing out，錯失的樂趣）？

🩶 正念冥想的功用

時下對抗負面的過度思考，最受歡迎的方式不外乎練習呼吸、冥想和正念思考。近年來，此類技巧的功用在科學上已經獲得證實。

社會普遍對冥想和正念的態度和看法之所以有所轉變，主

要得歸功於兩人，一是美國神經科學家暨前額葉皮質控制技巧
先驅戴維森（Richard Davidson）、二是法國藏傳佛教僧侶李卡德
（Matthieu Ricard），李卡德是在孤寂中尋找奇蹟和從內省找到力
量的大師。

戴維森和李卡德兩人與達賴喇嘛相交，成為朋友，並共同
合作。他們在威斯康辛大學麥迪遜分校的戴維森實驗室（以及
全球各地其他實驗室）進行嚴謹的實驗。他們使用腦電圖和功
能性磁振造影，來研究西藏僧侶和其他冥想練習者的大腦。研
究結果顯示，訓練有素的修行者（終生練習超過九千小時）可
有效控制負面的思維過程，以不帶批判的方式接受各種感覺，
並調控包含前額葉皮質在內的各個腦部區域的活化程度——如
戴維森所描述，前額葉皮質「絕對是情緒調控的關鍵，因為此
處是思想和感受的輻合地帶」。

然而，從這些技巧中獲益的，可不僅有受過多年冥想訓練
的高僧。1999年，戴維森聯繫了一家生技公司的執行長，向他
提議由戴維森團隊來教導生技公司的員工進行正念冥想，然後
評估此種練習對於身心健康的影響程度。該公司共四十八名員
工自願參與「當下、無評斷的覺察練習」，又稱為正念減壓法
（mindfulness-based stress reduction, MBSR）。在兩個月的時間內，受
試員工每週參與兩個半小時的練習。

　　研究人員在訓練前後，測量了受試員工的腦波（聚焦於前額葉皮質）。八週訓練結束時，結果顯而易見。練習正念減壓法的受試員工相較於對照組，焦慮症狀降低了百分之十二，前額葉皮質的活動從右側轉移至左側——有趣的是，大腦右側前額葉皮質通常負責處理負面情緒，而左側前額葉皮質則專門處理正面情緒。這也證實了正念訓練的作用。

　　如今有許多正念練習的應用程式和行為療法，可幫助習慣反芻思考的人練習冥想，不僅有助於我們更深入掌握自身的身心健康狀態，還能夠了解大腦的運作方式。隨著時間推移，我們可以學著抑制衝動，不過分關注於負面的過往回憶和未來事件，使前額葉皮質更趨平靜。

　　擁抱冥想和正念技巧的信徒發現，活在當下有助於真正清除腦裡有害且不必要的消極思想，取而代之以更積極、有益的想法。

　　最後，研究證明：大自然對於減少反芻思考和調節前額葉皮質活動，也深具影響。例如，史丹佛大學在2015年進行的一項研究顯示，在自然環境中健行九十分鐘的受試者，其促進反芻思考的前額葉皮質神經活動減少了。所以，讓自己沉浸於大自然或刻意改變心態，也許會讓人敞開心扉，迎接比計劃中或預想中的任何事都更豐富、深入、且有意義的體驗。

💎 隱約逼近的未來

從在上海的第一個晚上，約翰和我就日漸愈愛愈深。但我們很快便開始反覆思索。

眼前明擺著有一大生理上的現實差距：我們的年齡。約翰六十歲，我三十七歲，他不免擔憂，是否該與比自己年輕許多的女性結婚，雖然某些人會基於自己心中既定所謂的「合適關係」做出假設，但在我看來，約翰擔心的並非外人的觀感；我認為，他擔心的完全不是自己，反倒是我。

若他出了什麼意外，我便會孤身一人，而且，從約翰的觀點來看，更糟的是我很可能陷入孤寂之中。而約翰也許是這世上最深知孤獨對健康的大腦有何影響的人。約翰很敏感，對我們的現實情況，心裡也精算得很清楚。倘若我們真的結婚，他很可能無法陪我慶祝我的六十歲生日。

我問他：「你何時成了黑暗王子？」

他笑了笑，但隨後眼神變得嚴肅起來。當時我們在某個德國城市的小餐館，如今我已記不清何處。分隔兩地的遠距離戀愛並不總是如想像般美好，並不像常搭著噴射客機環遊世界一般，有時其實十分累人。

這是巴黎之行的前幾個月，約翰為了見我，搭了兩班飛機和一趟火車前來，而我們只能一起度過一晚。那是一個美麗的

夜晚，初見時，我們迷失在陌生的城市，隨意暢快漫談，很浪漫、不做計畫、隨心所欲，但一坐下來吃晚餐後，我們的談話從當下的時刻，轉向了隱約逼近的未來。

「我們可能愛上彼此了，但我們還無法給予彼此承諾。」約翰說：「因為我研究過，所以那種失去伴侶的配偶，所難以承受的巨大孤獨感，我再明白不過。一想到你可能得忍受數十年的孤寂，我的良心就不允許自己讓你處於那種境地。」

我很固執，告訴他不必在意。我跟他說自己絕不容許像年齡這樣微不足道的小事，來支配我們的愛情。此外，他還很健康，我們在一起很開心，彼此再適合不過。

我們如此一拍即合，以致在我眼中，即便是對我們的愛情施加任何一點外力約束，都像是刻意為之的人為干預。如今回想起來，我不禁認為，影響我們處境的不僅是年齡差距，還有我們的學術專業——我專精於愛的幸福力量，而約翰研究的卻是孤獨的破壞力。

我們決定先分開一星期，不打電話、不視訊，拉開一些情感距離。我和一位女性友人前往法國南部洞穴探險，他去祕魯度假。我們倆都在旅途中度過了愉快的時光，並試圖分散自己的注意力，因為我們想念彼此想到無可遏止。到了週末，約翰發了一張他左手的照片給我，他在無名指上繫了一條銀絲帶，並寫道：「我屬於你。」

🤍 一場特別的盛事

當我一家又一家、逛過巴黎左岸的精品店，尋找著彷彿是全巴黎碩果僅存的一件白色洋裝時，我問自己：「有人穿西裝結婚嗎？」與此同時，整場科學研討會正轉型成為一場婚禮，由於我們不可能在這麼短的時間內租到場地，所以便決定在飯店附近的盧森堡花園，隨意挑選一處角落，舉行結婚儀式。約翰懇請哥倫比亞大學公衛系教授暨保險巨頭安泰人壽（Aetna）前執行長羅爾（Jack Rowe）博士，充當女方家長。

「可是我還沒見過新娘呢！」羅爾說。

卡斯滕森自然是擔任主婚人。賓州大學社會學家弗斯登伯格（Frank Furstenberg）手持 iPad，擔任我們的婚禮攝影師。飯店大廚在短短數小時內，為我們準備好了結婚蛋糕。婚禮上，一名經濟學家忍不住算起了若我們事先計劃在巴黎舉行婚禮，得花多少錢，他說：「你知道你們省了多少錢嗎！？」坦白說，我們壓根想都沒想過要在巴黎辦婚禮。

約翰和我站在一起，我們因著對彼此的愛而結合。此時，我發現自己看著周圍的賓客，其中許多人我才剛剛認識，但大家都笑容滿面，沒有人想得到自己前來參加學術會議，最後卻參與了一場婚禮。然而，此時此刻，人人都稱職扮演好自己的角色，每個人都感覺自己參與一場特別的盛事。

正當卡斯滕森結束演講，我們倆準備交換結婚誓詞時，我
聽到了一名法國人突然喊道：「注意！」兩名女警走過來，告
訴我們，在此集會違反了公園數條規定，而且絕對不能踏在草
地上。約翰和我手挽著手站在一起，我拿著捧花，感覺有點尷
尬。參與婚禮的法語人士懇求女警官讓我們完成儀式。

路過的遊客喊道：「行行好吧！這裡可是巴黎啊！」

兩名女警似乎討論了很久，她們商量過後，決定讓我們盡
快完成儀式，條件是交換完誓詞後得馬上解散，但我們還是得
立即離開草地。因此，現場有如經過精心編排的舞蹈，賓客與
我倆完美的同步轉向，跨過分隔草地與鵝卵石小徑的精美金屬
邊框。

然後，我們交換了誓詞。

約莫兩星期後，正如約翰所想，我們趁午休時間在芝加哥
市中心正式完婚。不論是巴黎即興舉辦的結婚儀式，還是芝加
哥正式舉行的婚禮，至今都依然是我人生最美好的兩個時刻。
但是，我得承認，在我內心深處，打從我們即興在巴黎完婚開
始，我便認定約翰和我成為了夫婦。

為什麼要戀愛
Wired for Love

142

第 8 章

一加一大於二

攜手並行，我們所向無敵。

—— 海倫・凱勒（Helen Keller）

💙 愛情紀念碑

魯本‧托萊多（Ruben Toledo）來自古巴首都哈瓦那，伊莎貝爾（Isabel）則來自古巴馬埃斯特臘山脈的一座村莊，但兩人是在美國紐澤西州的高中相遇。這兩個古巴移民孩子，夢想著一起從事藝術創作，魯本初見伊莎貝爾時，便深受她柔順的黑髮與雪白光滑的肌膚吸引，早已墜入愛河；但伊莎貝爾卻花了將近十年，才真正注意到身旁這個溫文爾雅、留著鉛筆鬍、且滿腦子不凡創意的二愣子，並且不再只把魯本視為普通朋友。

這段時間，他們倆一同探索紐約，挖掘自身的創意，將彼此推向新方向。魯本善於繪畫，而伊莎貝爾擅長縫紉，兩人都熱愛跳舞。迪斯可舞在1970年代末風行一時，他們常整晚穿梭在五四俱樂部和藝術家沃荷（Andy Warhol）的工作室「工廠」之間，結交眾多好友。不久後，兩人共同設計的時裝，也在好友的芙蓉天使（Fiorucci）和菲爾德（Patricia Field）等時尚精品店上架。

隨著時裝業務日漸蓬勃，這對夫妻也益發低調神祕。伊莎貝爾在魯本的協助下，打造出有如風箏般飄逸的連身洋裝和略顯不協調的連身褲，讓紐約富有創意的時代女性，感覺自己找到了第二層肌膚。

伊莎貝爾的設計生涯在2009年大放異采，當時的第一夫人

—— 歐巴馬夫人蜜雪兒，選擇穿著她設計的服裝，出席丈夫的總統就職典禮。伊莎貝爾為歐巴馬夫人設計了一件耀眼的金黃色合身洋裝，外搭同色系、由羊毛蕾絲製成的長外套。

他倆的一位藝術家朋友說，伊莎貝爾有如布料，而魯本則是針線——若非兩人如此契合、關係如此緊密，恐怕難以創造出美麗非凡的作品。

魯本對妻子的興趣似乎永無止盡，他曾以為自己已經畫了一萬遍伊莎貝爾的肖像畫。他們也常暗示兩人大部分並非透過口語交流，伊莎貝爾會在人體模型上披上布料，然後在紙上寫下寥寥數語，隨後草圖便會神奇的出現在頁邊空白處。

如此神妙的連結，連他們自己都難以解釋，而且他們愛用隱喻：伊莎貝爾稱魯本為她的水龍頭，想法源源不絕；而她自己則是篩子，負責挑選、決策、提出構想、感覺。伊莎貝爾將自己的自傳，獻給了魯本，獻詞寫道：「獻給永遠的魯本——我心難以自己的最溫暖部分。」

2019 年，伊莎貝爾因乳癌病逝，享年五十九歲。她的追悼會成了一場紀念兩人愛情的典禮，魯本在滿室哀傷流淚的友人面前，唸出給妻子的訣別書：「妳最知道我倆多麼契合，如同兩片格格不入的拼圖，奇蹟似的結合在一起，直到永遠……我感激能透過妳令人難以忘懷的目光，看這世間一切與所有人。」

伊莎貝爾和魯本的深情，似乎不再只屬於他們彼此，而是

成為世間共有，有如一座愛情紀念碑，深深打動所有認識他們的人。

♥ 相愛好處多

托萊多夫婦（魯本與伊莎貝爾）只是愛如何讓人感覺一加一大於二的眾多範例之一。另一個著名的例子，便是科學界最強拍檔夫婦瑪麗·居禮和皮耶·居禮。兩人在巴黎索邦大學的實驗室相遇，當時他們都還只是窮困的化學系年輕學子，然而，憑藉彼此之間牢不可破的共價鍵（covalent bond）關係，他們共同建立了精采豐富的生活。正如皮耶所述，兩人都著迷於共有的「科學夢」。

他們的科學夢可謂各式各樣，從研究放射性、到發現鐳和釙元素，兩人也因此獲得 1903 年的諾貝爾物理獎。居禮夫婦都明白，若沒有對方，他們不可能取得如此重大的成就。然而，皮耶在 1906 年不幸死於一場嚴重的馬車事故。丈夫離世後，瑪麗·居禮認為自己唯一能做的，就是繼續兩人熱愛的科學研究。1911 年，她二度獲頒諾貝爾獎，並且從未再婚。

對我而言，非比尋常的一點是：即使我們與伴侶並未從事相同工作、或對生活擁有相同熱情，一樣能獲得所有像托萊多夫婦或居禮夫婦這種共生關係對智性的影響與益處。事實上，

即便工作截然不同的夫婦也表示，與伴侶在一起，會幫助他們的思考更敏捷、更具創造力，而且讓他們成為更好的自己。

我的研究也顯示，這不僅僅只是一種感覺，從許多可衡量的面向來看，相愛的伴侶享有諸多認知益處，是那些沒有如此熱烈的情感連結的人所錯過的。

我們已經從戀愛機器實驗中得知，光是想到所愛的人（即便僅在潛意識層面），就能提高自己的閱讀速度。而許多其他研究也顯示，愛對我們的心智具有意想不到的益處。根據研究人員發現的證據，愛能促進創造力，提升創意發想與動機綜效（motivational synergy）的創新成效；所謂的愛情荷爾蒙——催產素，則有助於提高創作表現；而愛的促發（例如，要求受試者想像與心愛的人一同散步），則有助於人應對與關係無關的智識挑戰。先前的研究還指出，戀愛中的人自認愛得愈深，便感覺自己愈有創意。

這些都是嚴謹有序的研究所獲得的發現，也深具影響。但我更想發掘的是：我們能否更深入了解愛最根本的本質、或其演變方式，意即愛究竟如何運作？為何愛能使人結合？

我所感興趣的是，愛能否提升我們特定的社交技能，也就是提高心理學家所謂的社會認知能力，讓我們在社交圈更能如魚得水。同時，這也有助於我們了解愛是否具有超越物種延續和鞏固親代撫育等功能之外的作用。

　　為了回答上述提問，我進行了一系列的實驗，比較了戀愛中的人對於陌生人和其伴侶行為的預測能力。我早期的鏡像神經元系統研究顯示，網球選手可利用他們對於對手的了解與直覺，來預測對方發球的落點。現在，我想觀察相愛的人能否利用他們與伴侶的關係，來預測彼此的行為。

　　一如預期，我發現人們解讀另一半的意圖，比解讀陌生人要準確許多。不僅如此，一個人愛得愈深，預測的速度就愈快且愈精準。此種能力，部分或可用來解釋為何像托萊多夫婦、我的父母、或約翰和我之類的夫妻之間，似乎無須言語就能溝通。

　　不過，我還是想釐清此種能力究竟當真是因為愛的緣故，還是只是源於熟悉，只是單純因為我們十分了解戀人的習性。畢竟，當人處於戀愛關係中時，可能看過伴侶流露出相同表情或做出相同動作成千上萬次，難道是因為這些經驗的累積，才使得相愛的人具有預測上的優勢？

　　為了找出答案，我向研究對象展示同一個陌生人重複數十次的動作，以建立受試者對陌生人的熟悉感。然而實驗顯示，此種資訊的揭露，對於受試者預測對方意圖毫無影響，也就是說，戀人在行為預測上的優勢，的確出自於愛，而非熟悉。

　　於是，現在的問題成了：戀愛的認知益處能否擴及至其他社會關係？除了有助於我們與伴侶的互動之外，能否提高我們

對他人情緒和意圖的理解程度？此種能力正是心理學家所稱的心智化（mentalizing）技能。

在一項引人入勝的實驗中，牛津大學的鄧巴（見第29頁）和烏洛達斯基（Rafael Wlodarski）發現：相較於被要求先想一想好友的受試者，被要求先想愛人的研究對象在評估陌生人心理狀態時，表現更好。

有趣的是，儘管早期研究顯示女性天生就較善解人意，且更善於解讀他人情緒，但是鄧巴和烏洛達斯基的研究顯示，當受試者事先想到自己的愛侶時，男性在評估負面情緒方面的表現尤其明顯優於女性。依演化觀點來看，對負面情緒的敏銳度增加，可能有助於我們的祖先保護伴侶，並偵測伴侶關係的外部威脅。

💙 戀愛中人的自我拓展

若仔細注意的話，會發現相愛的情侶常稱對方為他們的靈魂伴侶或「另一半」。他們用「我們」做為代名詞，而非「我」來談論自己；他們總是站得很近，自動自發的勾手或牽手，彷彿成為一體是世上最自然的事。

對於深愛彼此的夫妻或情侶來說，一般具交易性質的「施與受」行為等特定的社會關係，並不適用於他們身上。他們將

伴侶的勝利視為自己的勝利；他們對伴侶挫敗或失落的苦痛，感同身受。在他們眼中，若對關係有利無害，即便只對伴侶有益，放棄某些珍貴事物或忍受些許不適，並沒什麼大不了。

這不僅僅是同理心，而是心理學家所謂「自我拓展」（self-expansion）的結果。這個由社會心理學家艾倫夫婦（Arthur and Elaine Aron）提出的理論認為：「自我拓展」假設了人性兩個相互關聯的事實：（一）人與生俱來具有拓展自我的欲望，主要是透過遵循自己的好奇心、鍛鍊本身技能、或利用新機會，以及（二）人拓展自我的方式主要藉由緊密的關係，尤其是戀愛關係，在關係中擴展自我（「我」）的概念，並納入他人（成為「我們」）。

自我拓展讓人能體驗他人的自我認同，有如自己的自我一般。正如知名心理學家佛列德里克森（見第73頁）所描述的：當情侶體驗到此一層面的愛時，「你與非你之間那超越皮相的界線，便已開始鬆動，並更容易被滲透影響」。佛列德里克森將此形容為「讓人感覺超越自我的超然之感」。

例如，愛因斯坦與第一任妻子——塞爾維亞數學家梅麗奇（Mileva Marić）在一起時，便曾有此體驗。愛因斯坦的自我意識與妻子深刻交纏，以致每當他們被迫分開時，愛因斯坦似乎都魂不守舍。愛因斯坦寫信給妻子：「妳不在身邊時，我感覺自己並不完整。我坐著時想走路，走路時又想著要回家；自娛自

樂時，我想讀書；讀書時卻又坐不住，無法專心；而當我就寢時，又對自己如何度過一天，感到不滿。」

自我拓展的衝動，解釋了為何實驗中的受試對象會特別被具有自己想擁有特質的潛在伴侶吸引，這些特質某部分都是個人「理想化的自我」。這種以一事（關係）取代另一事（自我）的思維，基本上是一種隱喻，而隱喻是大腦愛情網絡認知區域──角腦回（見第 84 頁）的特長。

💙 愛情的祕密力量源頭？

若您還記得，角腦回是大腦愛情網絡中，少數較高階的皮質區域之一，表示它在功能上遠高於控制情緒的皮質下區域。角腦回呈小三角形，位於耳後的頂葉內。儘管角腦回的功能至今依舊有些神祕難解，但不僅是我，其他許多神經科學家也對此區域深感興趣。而且有趣的是，角腦回雖然對愛的反應如此強烈，但對喜悅或驚喜等其他正向情緒似乎毫無反應。

角腦回受損的病人，常會失去詞彙處理或基本算術能力。而當我們刺激這個區域時，部分病人會經歷所謂的「靈魂出竅」現象（包含我在瑞士的測試對象在內，都有這種現象）。

目前已知，角腦回只存在於大猿和人類身上，這意味著此區是大腦近期演化才出現的部分。我們還曉得，當人從事創意

思考、做出無預期的聯想、或是以新方法彙整資訊或線索時，便會刺激啟動角腦回。

我在研究中發現，戀愛中人感覺自己和伴侶的自我重疊程度愈高，我們觀察到的角腦回活動就愈活躍。令人興奮的是，角腦回不僅有助於我們處理隱喻，還能夠幫助管理其他方面的語言能力（除了空間注意力、數字和自我形象等自傳式記憶之外）。因此，當我掃描戀愛中人的大腦時，他們的角腦回就像聖誕樹一樣發亮，這或可解釋為何戀愛中的人，在閱讀測試或其他衡量創意或心智化技能的任務上，反應速度更快（相較於宣稱「離開」激情之愛或與伴侶保持友好關係的對照組）。難道這是愛情網絡的祕密力量來源嗎？

💙 不願浪費在一起的每分每秒

說到自我拓展的概念或愛情助長心智的作用，我可能無需功能性磁振造影分析或任何科學研究，我大可看看自己與約翰的關係，就能理解。約翰和我所經歷的，無異是一種認知形態的變化（cognitive metamorphosis），正如艾倫夫婦所預測，我們深刻拓展了自己是誰的概念，開始將對方納入。

遇到約翰之前，我從未談過戀愛，甚至從未有過認真交往的男友，因此不禁開始心想，兩人同居將有多奇怪。但最奇怪

的卻是：我和約翰同住的感覺十分自然，儘管我在獨身三十七年後，突然間夜夜與人同床共枕，但卻不需要任何的適應期，我並不覺得自己闖進了別人的生活，反而是感覺自己回了家。

我搬進去之前，約翰已精心整理了他的衣櫥，並為我清空了幾個抽屜，以為那樣空間便已足夠，他可是低估了我行李箱裡的鞋子數量。儘管如此，我盡量利用了空間，捐出放不下的衣服。如今有了約翰，我不需要更多身外之物來感到快樂。

許多人在戀愛時，依然會希望彼此保有一些「健康」的距離，希望能區分工作和家庭的角色，若醒著的時間都在一起，人很容易互相厭倦。但是對於我和約翰來說，我們相見恨晚，人生錯過彼此的時間已經太長，因此不願再浪費在一起的每分每秒。我們時時刻刻都想待在彼此左右——我們一起跑步、一起洗衣、一起逛街、一起刷牙。

當然，我們也一起共事。我加入約翰任教的芝加哥大學，擔任教職，此外也擔任腦動態實驗室主任和芝加哥大學普利茲克醫學院精神醫學系行為神經科學助理教授。約翰和我建立了十分親密的生活，我們共同撰寫論文，指導同一批研究生，共用一間辦公室，門上寫著「卡喬波夫婦」，我們甚至共用一張桌子。約翰和我還養了一條名為巴喬（Bacio，取自義大利語「親吻」之意）的中國沙皮犬，巴喬最喜歡在我們工作時依偎在我們腳邊。

　　我和約翰原本都是自力更生的科學家，工作上自然都極具生產力。然而我們發現，合作有助於我倆建立新的連結，並能更快提出更好的想法。我們感到比以往更有動力，對新的合作模式和研究典範抱持著更開放的心態。

　　不過，正當我們在如此密不可分的關係中蓬勃成長之際，也時常注意到有些同僚無法理解，有時我甚至會感到其他教授的冷然以對。他們因為我和約翰的年齡差距，或因為我與約翰共用辦公室、或改從夫姓，對我不以為然。

　　我大約有超過五十篇已發表的論文是使用娘家姓氏奧提格（Ortigue），但我很喜歡約翰的姓氏——卡喬波，讓我想起了從小親近的義大利家人。另外，說我老土也好，我認為從夫姓是一件很浪漫的事，對我而言，這無關乎性別平權，即便約翰是女性，而我們是同性伴侶，我仍會希望改從配偶的姓氏。大家告訴我，改姓有損我的職涯發展，也會為其他女性學者樹立壞榜樣。

　　我實在難以接受這種說法，為何個人選擇使用的姓名，會影響他人對其工作的看法？這時，我才意識到一個難題，有過戀愛經驗的人都再熟悉不過的：儘管戀愛是兩個人的事，但無法避免受他人的意見左右。

　　約翰和我看見新同事們在實驗室會議上，大肆詆毀我一些新穎的實驗構想後，決心祕密進行實驗。下一次會議上，約翰

會把我的研究構想當成是他自己的想法提出；結果，我目瞪口呆的坐看那些先前對我的構想不屑一顧的同事大力恭維約翰，簡直捧上了天。

約翰說：「很高興各位喜歡這個想法，但你們應該對史娣芬妮說才對，因為她才是想出這個構想的人。」

💜 愛讓我們的心智更敏銳

我們從此決定不再在意他人的想法，不允許別人為我們的愛情故事寫劇本、或為我們貼標籤。我們不願屈從於他人，不願被迫局限我們的關係於私領域。

對於愛的行止，人人各有想法。試想「愛情傻子」這句陳腔濫調，意指熱戀的人總是莫名不切實際，只想著自己。然而一項又一項的研究顯示，事實並非如此。愛讓我們的心智更敏銳，提高我們的社交情商，而且當兩人在一起時，比獨自一人更具創造力。

為什麼要戀愛
Wired for Love

156

第 9 章

休戚與共，對抗孤獨

無論如何，一定要鼓起勇氣再度相信愛情。

—— 瑪雅‧安傑羅（Maya Angelou）

　　猶記耀眼奪目的陽光，照進我們的家庭辦公室，讓人感覺彷彿在度假，彷彿我們的窗外就是法國的蔚藍海岸，而不是密西根湖。

　　那是2015年，我們剛從原本溫馨舒適的小窩，搬到寬敞的新公寓。我們的舊家位於芝加哥綠意盎然的歷史街區，而新家則是座落於林肯公園對面，是一棟如夢似幻的建築，入口的門柱金碧輝煌，還有由法國建築師拉格朗日設計的時髦大廳，這讓我想起了巴黎。

　　我們的新住處感覺更像是飯店，而非公寓，社區雇有親切細心的門房和警衛，讓我們倍感安全和受到悉心照料。約翰和我幾乎是在一時興起之下，買下此處。某個悠閒的週日，約翰出乎我意料的建議我們去看一間開放參觀的待售公寓，十分符合我們隨興且不照劇本開展的新生活。最後，我們愛上了這間房子，然後立即著手搬家。

　　此時，約翰已不去在意別人如何評價他，或者他是否「看起來」像個學者。他大半輩子都為別人而活，如今他想忠於自我。約翰看上了一輛線條陽剛、但高雅的兩人座跑車，我們開上路試駕，對這輛車幾乎可說是一見鍾情。

　　不認識約翰的人，約莫會以為他選那輛車是為了炫耀，或他剛好面臨中年危機，但約翰只是單純喜歡那輛跑車罷了，他喜歡它好看的外型和馬力。這輛跑車展現了約翰的真實自我，

我很少見到他在其他時刻，比我們駕車行駛於高速公路上時更開心、笑得更開懷，他踩緊油門加速（但仍遵守限速），聽著強力的引擎發出轟隆隆的聲響。

此外，他也心知我有多喜歡這輛跑車。

💟 愛是共同注視相同方向

距離我們的婚禮，已經過了四年。這四年裡，我們愛得幸福、愛得熱烈、愛得深具生產力。我們仍一如既往的努力從事研究，畢竟，科學是我們關係的基礎，也是我們共同的追求，啟發了一切。此外，我們也深諳生活的享受與樂趣。我們的研究使我們在演講圈深受歡迎，常有企業執行長邀請我們乘坐私人飛機參加企業活動；我們的行事曆充滿了約翰的簽書會行程和頒獎典禮。我們參加了白宮和美國國家衛生研究院的科學活動，我們為《財星》全球前五百大企業、美國航太總署、疾病管制暨預防中心、美國軍方等機構，提供愛或孤獨方面的諮詢服務。

剛結婚時，我們忙碌不堪，一直沒時間去度蜜月，便決定每天都用簡單的小動作或儀式來慶祝，比方說早晨喝咖啡時舉杯慶祝、一同觀賞烹飪節目或運動賽事、一起去湖邊跑步、或一起打網球。每當預訂旅遊行程或晚餐訂位，有人問我們是否

是為了慶祝特殊節日，我們總會回答：「這是我們的蜜月！」

服務生或空姐聽到後會說：「恭喜！兩位何時結婚的？」

「四年前。」

大家聽了只是笑了笑。儘管聽來可能愚蠢，但坦白說，我認為大多數認識我們的人，都覺得約翰和我的愛情故事十分激勵人心。我們儼然是本身科學研究的證明，而且我們設法讓尋常變得不尋常，像在日常生活中保有一些神祕感，時不時創造一點驚喜時刻。約翰常在我的電腦鍵盤上留下驚喜的小字條，用各種方式說「我愛你」；而我為了回應他，也會早早起床給他留下驚喜，我會在浴室的鏡子上，留下一張便利貼，寫著：「我更愛你。」

💙 不尋常的一日

我倆的研究有兩大主軸，一是研究孤獨的危險，一是研究社會關係的重要性。然而，約翰多次心碎，我則孤獨了大半輩子，冥冥之中，這一切似乎都扣合著我們的研究主軸，也使得我們的關係似乎超越了二人之間，更別具意義。我想，某些人說到真愛時，約莫就會想到我們。

是日陽光明媚，這一天就像尋常日子一般，我們坐在家中辦公室角落的「他和她的」辦公桌，這張桌子是我們特別訂製

的，好讓兩人即使在工作時，也能膩在一起。此外，牆上還掛著一幅裱框的海報，上面寫著「巴黎永遠是個好主意」，紀念我們在巴黎即興舉行的婚禮。巴喬則蜷縮在約翰腳邊，一如以往。

　　當天並沒有什麼特別計畫，我預計在常態性工作十二小時或十三小時之後，我們便會一起去運動，接著在陽臺上小酌。然後約翰會做飯，我們再一起收拾。也許這之後，我們倆會一起坐在兩張厚實的皮製扶手椅上，於整面落地窗前欣賞日落，看著飛機聚集於密西根湖面上空，等待來自芝加哥奧黑爾機場的降落訊號。如此的時刻裡，我常想起偉大飛行員出身的作家聖修伯里（Antoine de Saint-Exupéry）的話：「愛不在於凝視對方，而是共同注視著相同的方向。」

　　這雖不見得是每個人夢想的生活，卻是我們的理想人生。可惜，轉瞬之間，我們美好的日子便煙消雲散！

　　約翰的手機響起，我記得當時覺得很怪異，因為好幾分鐘過去，他都不發一語，只是聽著電話，然後含著淚、轉頭對我說：「對不起。」

　　前些日子，他的臉頰出現了奇怪、持續的疼痛，我們原以為是牙痛。他平時對疼痛的耐受度相當高，幾乎從不抱怨，所以當他不斷提及牙痛多令他不耐時，我很擔心。幾星期後，我們終於去看了醫生，醫師認為情況並不嚴重，要他去看牙醫，

但連牙醫也找不出病因，約翰的疼痛一直持續。最後，我們去了耳鼻喉科，醫師決定做電腦斷層掃描，他說：「只是以防萬一。」若發現問題，他會來電，然後，約翰接到了電話。

我們第一時間的反應非常情緒化：兩人抱在一起大哭。但是，一小時之內，我們便重拾身為科學家的訓練，仔細搜尋並閱讀文獻，詳盡了解約翰所罹患的罕見癌症——唾液腺癌第四期，診斷後一年的存活率可怕得小，我們也知道尚具一線希望的新療法。

當地醫院的腫瘤科醫師，建議我們找醫學中心的專科醫師進行治療。她說：「我真的不曉得該如何進行治療。」

即便無法帶來安慰，但我仍不得不佩服她的誠實。她給了我們一本活頁資料夾，裡頭裝滿如何應對壓力和尋求社會輔導的資料，便讓我們回家了。約翰別有興味的看了看我。

他說：「人好了，心理學作業，」

「也許裡面還引用了我們的研究呢？」

我們放聲大笑，至少兩人在這種時候還能自嘲！

最後，我們在芝加哥大學醫學中心找到了一支傑出的醫療團隊。全球知名的腫瘤學家沃克斯（Everett Vokes）博士將為約翰進行治療，而美國陸軍授勛外科醫師布萊爾（Elizabeth Blair）博士將操刀為約翰動手術。這對搭檔因挽救芝加哥名廚阿查茲（Grant Achatz）的生命及其味蕾，而登上國際頭條，阿查茲被診

斷出患有一種致命的舌癌。

當我們聽到這兩位專家與我們站在同一陣線時，儘管診斷結果不太樂觀，還是感到一絲信心，感覺如果我們夠努力，如果我們齊心協力、集思廣益，竭盡所能，動用我們在科學界的每一份關係，便有機會戰勝病魔。

布萊爾醫師看到約翰臉部電腦斷層掃描結果時，驚訝得說不出話來——約翰的腫瘤很大，而且癌細胞已擴散至數個淋巴結。對於約翰手術成功的機率及潛在風險，布萊爾醫師皆據實以告。布萊爾醫師知道自己交談的對象是科學家，她說：「事情就是如此。」而她會盡力而為。

♥ 防禦性悲觀

手術前一天，我們去了海灘走走，為約翰和他的臉，拍下一些「術前」照片。我們無法預知手術對他會有何影響，他會不會失去一隻眼睛？臉會癱瘓嗎？約翰試圖考慮所有可能的後果，我們採用了心理學家康托爾（Nancy Cantor）提出的「防禦性悲觀」（defensive pessimism）做為應付機制，期待最好的結果，但做了最壞的打算。

去醫院之前，我看到約翰在公寓裡走來走去，設定著家中十幾個電動蠟燭的計時器，他將它們設定為隔天開啟，如此一

來（上帝保佑但願不要），若他沒能熬過手術的話，至少我回到家時，會看到預先開啟的燭燈。

手術長達八小時，當布萊爾醫師走進家屬等候室，告訴我手術一切順利時，她看來筋疲力盡。她打開了約翰的臉頰，並從唾液腺切除腫瘤，同時小心翼翼，避開了約翰臉上的神經和肌肉，因此得以保留約翰的視力，且不破壞臉部輪廓。布萊爾醫師用筆，很自信的畫了幾筆，畫出手術的概略情況。我從未見過如此令人心懼又美好的事物。

醫院在約翰的手術切口附近，放了一根引流管，以防止積液，並用單片眼鏡保護他的眼睛後，便讓他回家休養。別人看來大概會覺得他像科幻小說裡的機器人，但約翰並不在乎，他決定從醫院回家的第一天，就要和他的兄弟在社區大樓的休閒娛樂室打撞球，每當有人盯著他看時，他都微笑以對。

約翰雖不在意自己的外表，但卻擔心可能無法恢復面部肌肉的全部功能，深怕自己表達情感的能力會受到影響。過去，約翰曾利用肌電圖（electromyography）進行研究，肌電圖是用於記錄肌肉活動的技術，約翰在實驗過程中，用肌電圖分析臉部表情，對臉部神經瞭如指掌。

約翰在康復過程中，每天夜晚都會坐在床上，練習眨眼、皺眉、微笑，以恢復臉部神經功能。

他對我說：「我覺得臉部功能快恢復了。」

數月後，約翰的臉部肌肉恢復了所有功能，除了幾乎難以察覺的輕微不對稱之外，幾乎毫無手術後的痕跡。我們甚至拍了一張「術後」的肖像照，來和手術前的海灘照作比較。

💟 我們必須去愛人，才能在世上生存

如同治療名廚阿查茲一般，沃克斯博士試圖透過他所謂的治療「三部曲」來提高約翰的存活率。首先是手術，然後是累計七週的化療和放療雙重治療。這表示我們須以醫院為家，於是，我讓我們倆穿著情侶睡袍，用私人照片、無焰蠟燭、小邊桌和家裡的抱枕，來裝飾病房。為了保護因治療而免疫功能低下的約翰，我養成了每天擦拭我們的私人空間、並噴灑消毒劑的習慣。護理師都很欣賞我們裝飾打造的病房，還特別喜愛房裡的氣息。

其中一人聽到我的法國口音後，問道：「那是香奈兒的味道嗎？」

我笑答：「不，是來舒消毒噴霧。」

芝加哥大學醫學中心距離我的教室，僅一個路口遠，所以我可以從醫院步行去教書，然後再回到約翰身邊，全天候陪伴他。我們如此形影不離，醫護團隊也知道「探視時間」並不適用於我。起初我睡在約翰床邊的椅子上，後來醫院給了我一張

床，連著約翰的病床，但很快，我便和他同睡一張床了。夜班護理師凌晨四點來巡房時，經常問我們：「誰才是病人？」這自然是玩笑話，但離事實並不遠，我們一起經歷了這一切。

有餘力時，約翰會邊接受化療、邊在我的課堂上旁聽，一旁立著他的點滴架和站著一名負責照應的護理師。約翰太虛弱了，無法參與討論，但講堂裡迴盪著神經科學的授課聲，讓他臉上流露出笑容，他的出現也激勵了我的學生。體力允許的時候，他會自己走上講臺演說。

有一次，在治療三部曲進行期間，約翰堅持要完成他在診斷前安排的演講。自從他開始接受治療以來，同事們還未好好見過他，如今看到他神色這般憔悴，且骨瘦如柴的模樣，大家都大感震驚。但約翰開了個玩笑，順利完成了演講。沃克斯博士也來了，我原以為他是對神經科學感到好奇，後來才得知他之所以出席，是因為深怕約翰無法完成演講，因為約翰正經歷難以忍受的痛苦，但光是看著演講時的約翰，其實並不會察覺這件事。

之後，我問約翰為何要這麼麻煩？「為何要讓自己經歷這一切？為何不保留一點體力？」我以為他這麼做是為了我們的學生和朋友，以為他希望讓大家知道他沒事，希望他的韌性能讓大家獲得啟發，讓他們曉得即便生病，一切還是有可能的。

約翰有些不解的望著我。

他說：「不，並非如此。我這麼做是為了妳。」

我把頭埋進他的胸膛，哭了起來——他說，「我這麼做是為了妳。」在那一刻，我理解到了對工作的熱愛與對另一半的愛之間的分別。即便兩種愛可能有共通的神經科學基礎，可能會活化類似的腦部區域，但若我只是一個熱愛工作、孤獨、且孑然一身的神經科學家，在面對像約翰這般殘酷的疾病、面對所有的痛苦折磨時，斷然不會有現在堅持的力量。

我要為誰而戰？這聽來或許嚴苛，卻也十分現實。然而因為約翰，我願意做任何事、願意行遍天涯海角、願意忍受個人所能承受的最大痛苦、甚至獻出我的生命。這番事實使我意識到，愛一個人明顯有別於我們對工作或其他人生追求的熱愛，儘管後者是形塑我們身分的核心，也許能賦予我們人生的定義或目標，但卻未必足以讓人在此般困境中，堅持奮戰。

在為時已晚之前，我意識到了：人的自我認同不僅來自工作，我們還必須去愛人，才能持續在世上生存。

♥ 愛，使人強壯

約翰接受痛苦的治療期間，我數度心想，我們的愛能保護他嗎？這可不是某種一廂情願的鬼話，如今愈來愈多社會神經科學和其他領域的研究顯示，愛確實會使人強壯——而且不僅

167

僅是已知在情感和認知上，還有生理上亦是。

　　姑且容我細數：長期處於滿意、健康關係中的人，比起單身人士，睡眠品質更好，擁有較好的免疫功能，較少出現成癮行為，較少復發性中風。他們甚至在罹患某些疾病時，擁有更高的存活率（包括部分癌症）。

　　其中部分疾病的存活率較高，可歸因於一項簡單的事實，那便是因為有人照料。據研究指出，戀愛中的人可能有助於伴侶及早發現皮膚癌，例如注意到可疑的痣。

　　然而，就算多一雙警覺的眼睛，也無法解釋為何在伴侶關係中的人接受高風險手術後的存活率較高。2012年一項研究檢視了兩百二十五名接受冠狀動脈繞道手術的成年人。值得注意的是，研究人員發現，已婚病人在手術十五年後的存活率是接受相同手術的單身病人的二點五倍，這不僅僅是因為他們的日常生活中存在了另一人而已，那些自認「非常滿意」婚姻關係的人，存活率更高，是單身人士的三點二倍。

　　實驗室的實驗幫助我們進一步理解了這些驚人的統計數據背後的「原因」。研究人員監測夫婦在討論婚姻關係問題時的生命徵象，觀察到了顯而易見的證據：婚姻關係的品質和滿意度愈高，顯示的生命徵象就愈好。而心血管系統對婚姻爭吵等壓力源的反應愈大，人就愈容易罹患動脈粥狀硬化——許多心臟疾病都與此潛在的生理過程有關。

　　此項近期的發現，也與歷來證實「愛情有益健康」的大量研究相符。例如1970年代末期，一項針對一萬名男性進行的研究顯示，感受到伴侶的愛和支持的男性，即使存在著高風險因子，他們罹患胸痛（或心絞痛）的風險也較低。

💜 愛的療癒力

　　愛不僅可緩解壓力，還可加速傷病復原。俄亥俄州立大學臨床心理學家暨醫學教授凱寇格拉瑟（Janice Kiecolt-Glaser）在受試夫妻手臂上創造了小水泡傷口，然後要求他們以充滿愛意、彼此支持的方式交談，或重新討論最近發生的衝突。結果她和同事發現，對伴侶表現得較友善親切的夫婦，傷口癒合速度比發生衝突的對照組，快了百分之六十。

　　另一項研究中，凱寇格拉瑟研究團隊還發現：那些自認更多正向互動的夫婦，不僅傷口癒合得更快，血液中天然的催產素含量也更高。這項發現凸顯出催產素和免疫系統之間的強烈關聯，間接支持了我們集體所直覺相信的愛的療癒力。（近期研究證據顯示，全身性發炎反應可能與罹患癌症或心血管疾病等風險的增加相關，因此，預防或減少炎症至關重要。）

　　研究證據不僅顯示，處於健康的關係有助於降低有害疾病的風險並促進復原，而且另一半的撫摸或甚至只是同處一室，

也能確實幫人減輕痛苦。這便是為何我深知自己在約翰治療期間必須陪著他，寸步不離。我也十分感激本身的工作和支援系統能容許我做出如此的決定。

伴侶遭受痛苦時，陪伴在他們身邊，不僅僅是心靈上的安慰，還能實際改變他們經歷任何醫療處置時的生理情況。大腦愛情網絡啟動時，會刺激腦部的報償中心，釋放出催產素和各種荷爾蒙、神經化學物質和天然鴉片類物質，有助於療癒身體和幫助大腦處理疼痛。

想要有效觸發愛的鎮痛效果，其中一項方法就是透過肢體接觸。維吉尼亞大學神經科學家柯恩（James Coan）進行了一項研究，對處於健康、認真關係中的受試者施以小規模的電擊，結果發現，握著伴侶的手的人，感受到的疼痛明顯較低，而且不僅是受試者本身宣稱的疼痛感知，根據功能性磁振造影掃描結果，他們的下視丘等與威脅相關的腦部區域神經活動，也確實較少。

然而最有意思的是，在有問題的關係中，此種保護作用全然消失！處於不幸福關係中的女性，牽著伴侶的手所感受的痛感並未減少，有如她們完全隻身一人，孤立無援。這些研究結果也符合社會關係的支援功能理論，顯示社會關係有助於身體的自主神經系統降低壓力反應（自主神經系統負責調節人體臟器的健康和功能）。

上述各項研究不僅顯示了愛潛在的療癒力，還凸顯出關係的品質和滿意度影響深重。填表時勾選「已婚」選項，或每晚與人同床共枕，對大腦和身體都毫無意義，抑或意義不大。反倒是您和伴侶之間的關係本質，才是關鍵，決定了您能否享有愛情帶來的健康益處。

♥ 孤獨感 —— 來自大腦的求救訊號

以身體健康而言，愛真正的力量可能不在於它所造成的結果，而是它所防範之事。愛其中一個最重要的力量，就是能夠保護我們遠離慢性孤獨（chronic loneliness）的戕害。約翰在他的開創性研究中，已發現此種社會剝奪（social deprivation）狀態有害身心。

關於孤獨，我們首先要了解的是：儘管孤獨讓人痛苦，但它其實是為了幫助我們——有點類似警報系統。演化塑造了人類大腦去回應名為「嫌惡訊號」（aversive signal）的生理機制，其中有些是我們日常都有的經歷，例如：由低血糖引發的飢餓感，主要為了促使我們進食；口渴是為了幫助我們在脫水之前先補充水分；疼痛也是一種嫌惡訊號，幫助人避免組織損傷，並鼓勵我們好好照顧身體。

約翰發現孤獨感也隸屬於此種生理警示系統，只不過孤獨

171

提醒的是人的社會身體（social body）所遭受的威脅和傷害。孤獨感會增加我們與他人建立關係的動力——這是大腦在告訴我們：我們正身處於社交風險之中、處於團體邊緣，我們需要受到保護、包容、支持和關愛。

儘管孤獨的痛苦最終是為了幫助我們找尋或修復有意義的社交關係，然而諷刺的是，它最直接的影響卻是讓我們對社交威脅保持高度警覺。約翰和我稱此為「孤獨的悖論」（paradox of loneliness）。

試想一名人類早期先祖，與部落斷了聯繫，孤獨且心生恐懼，徘徊於叢林之間，她能相信誰？如何找到回家的路？危險究竟潛藏何處？保持高度社交警覺的狀態，對於在危險環境中試圖尋找回家的路，大有用處；但是，若您只是一個人在公寓裡，盯著手機，夜復一夜感到如此呢？此時便是孤獨感從救命變得致命之時。

從果蠅到人類，社交孤立（social isolation）會導致社會性動物平均壽命降低。科學家過去認為，孤獨者之所以健康狀況不佳，與他們從事危險和有害健康的行為相關。但現今的證據顯示，孤獨感本身就有礙個人健康，而非孤獨者的行為，因為孤獨感會改變大腦的化學物質，並引發一連串生理陷阱。

一項針對七十項研究的統合分析，總共針對三百多萬名參與者，平均追蹤了七年，結果顯示：孤獨使人早逝的機率提高

了百分之二十五至三十，與肥胖導致早逝的程度不相上下。然而，有別於肥胖，我們對於孤獨如何致人於死、以及自我保護的方式，知之甚少。

💜 慢性孤獨會加速老化

我們檢視孤獨者的特徵時，會發現他們其實與非孤獨者相差不大，外表上看來，並無二致。孤獨者的平均體重，不比非孤獨者輕或重；他們同樣高大、迷人、同樣受過良好教育。也許最令人驚訝的是，他們甚至花差不多的時間與人相處，而且同樣優游於社交世界。換言之，孤獨者並無問題，差別只在於他們如何看待自己的關係或缺乏關係。

約翰總是強調，孤獨是對本身孤立程度的主觀衡量。我們可能已婚但感到孤獨，或參加聚會卻感到孤獨，即便身邊環繞了上百個親朋好友（而且，沒錯，社群媒體也是讓人容易感到孤獨的一種聚會形式）。反之，我們也可以是單身、沒有什麼朋友，或是當一個獨自神遊於外太空的和尚，卻不感到寂寞。人在對關係有所不滿，或對社會關係的期望與本身認知的現實有落差時，常會出現孤獨感，很渴望有夥伴、伴侶或理解自己的人，但卻遍尋不著。

歡迎來到孤獨星球，此地充滿危險，但卻承載了龐大且不

斷增長的人口。無論何時，美國都約有百分之二十的人口（相當於六千萬人）表示自己感到十分孤獨，甚至成為了他們生活不快樂的主因。這些人不僅承受了精神上的折磨，身體健康也受到威脅。

慢性孤獨會加速老化，讓人體內充滿壓力荷爾蒙，導致睡眠時間縮短、且睡不安穩；還會危及心臟健康，增加中風的風險，而且經研究發現也與阿茲海默症有關聯。孤獨能實際改變免疫細胞的DNA轉錄（DNA transcription），因而可能會影響孤獨者接種疫苗的效果。

上述諸多健康風險之所以發生，乃因人體已切換至生存模式，以利於短期的自我保護，而非長期的健康。不妨將慢性孤獨試想為社會腦的警報系統發生故障，孤獨感便是您腦裡的警鈴全天候大作，即使親朋好友來到您的家門前，那惱人的警鈴仍在腦海中迴響，試圖提醒您注意不存在的危險，讓人以為試圖幫您的人其實是想害您。當人處於此種狀態時，即便只是像「你還好嗎？」之類的簡單問候，不論發問的對象是誰，您都會認為朋友是在暗示你其實並不好。

當人腦裡警鈴大作時，不僅會對潛在的社交風險警覺性更高，還會觸發安全措施，大腦主要的威脅偵測器——杏仁體，會受到刺激，將能量傳導至腦部監視系統（即控制視力和注意力的區域）。

　　隨著大腦的保全系統高速運作，即便只是一絲煙霧，也會讓人的腦海響起「失火」的警報！因此，大腦不必要的啟動了人體灑水器——加強調整神經內分泌系統，並觸發身體的戰或逃反應。此時，身體的血管擴張，能量湧入骨髓組織，壓力荷爾蒙皮質醇（cortisol）含量飆升。所有這些炎症活動都是為了提供保護，但長期下來卻對人造成傷害，使得孤獨者的血壓升高、對病毒的抵抗力降低、睡眠習慣和品質變差、更容易抑鬱或出現衝動行為。

🤍 孤獨感會自我強化、愈陷愈深

　　孤獨最棘手之處在於：某種程度上，它不僅會自我強化，甚至會自我實現。人愈覺得自己孤獨，孤獨感就愈深。若您任由自己這麼想，那您的心智和大腦便可能會是地球上最孤獨之處。我在實驗中發現，孤獨者比不孤獨的人，更容易注意到帶有負面情緒的社交詞彙，如「懷有敵意」或「多餘」等等。

　　重點在於，一旦我們對社交風險具有高度警覺之後，便很容易四處都注意到它。您是否曾在學會了一個新詞之後，在當天稍後看書時或談話中，又碰巧見著這個詞？只不過這並非巧合，這個字詞的出現頻率相較於您在學會它之前並沒有改變，只是如今您開始注意到了。而與此相同的過程，也會助長孤獨

的循環，若人感到孤獨，並將朋友視為敵人，便會開始注意到更多線索，來證明自己的觀點。人感到孤獨時，會變得多刺、沮喪、只注意到自己──這實在說不上是最適合交友或尋找戀愛對象的心態。

若我們感覺孤獨，而此時有人別有意味的看了我們一眼，或說了些令人尷尬的話，我們便很容易生氣、以為遭到拒絕，不願將此人視為潛在的夥伴或朋友，藉此來「保護自己」。根據我們針對年長者長達十年的縱貫研究發現，即便控制了樣本數自我中心的基線水準，個人自我中心的程度也會因孤獨感而增加。

孤獨的人不僅更可能只注意自己，同時他們也掌握不太到社會現實。他們很可能將動物和無生命的物體擬人化，認定寵物身上具有人類特質，而且也許會從雲朵看見人臉。試想電影《浩劫重生》，影星湯姆　漢克扮演的角色被困在荒島上，於是他用了在飛機殘骸中發現的排球，做了一個同伴，並將其命名為威爾森。

為何會發生這種情況？當人感到孤獨、缺乏社交聯繫時，我們大腦的頂葉會失衡，進而過度刺激與之相連的腦部區域，包括儲存和解讀臉孔與身體資訊的區域在內。結果，我們變得異常渴求與人建立關係，以致腦袋自行創造出了社交幻影。

💔 寂寞芳心俱樂部

我在約翰化療期間握著他的手、在窄小的病床上睡在他身旁時，時常思忖著孤獨的影響，以及愛究竟發揮了多大作用，保護我們不受這個無形殺手的傷害。約翰已經經歷著巨大的健康考驗，努力對抗癌症這個看不見的敵人，假使他還必須額外應付孤獨感這個無形的敵人呢？若他沒有我和我們的親朋好友提供的社會支援，來撐過手術和治療呢？老實說，我無法確定他能否度過難關。

我也不禁心想，那些不幸無法處於健康關係中的人，如何避免社交孤立的諸多風險？單身人士、不幸福的夫婦、或者感到孤獨的人，有辦法找到自我保護的方法嗎？

答案自然是肯定的，但想要對抗孤獨，必須得先承認自己的孤獨。若您經常對自己的關係和社交生活感到不滿意或不滿足，若您覺得自己少了陪伴，千萬不要只是忽略自己的感受，這種感受其實非常危險。

接下來要做的，就是別輕信您孤獨的心智。正如我們從電影《浩劫重生》的威爾森獲得的提醒一般，孤獨會狡猾的玩弄人的心智，藉此抵消社交孤立感。孤獨也可能會讓我們迴避或過於仔細審視本身所渴望的社交接觸。所以，別忘了將這些因素納入您的社交期許當中，並記得當人感到孤獨時，可能不太

願意相信別人，同時也可能低估了自己能從社交關係受惠的程度。

芝加哥大學的心理學家艾普利（Nicholas Epley）發現，人們大大低估了與陌生人交談所帶來的意義與快樂，所以鮮少與陌生人交流。而且，不令人意外的，孤獨的人尤其可能低估任何特定的社交互動對他們的意義。

♥ 如何對抗孤獨

遇到約翰之前，我的成年生活一直都是單身。有時我會因為選擇獨身而感到被汙名化，並時常收到許多善意且堅持不休的建議，教我如何去「認識人」，但是我從未真正感到孤獨。我想，原因是從很小的時候，我就沒預料過自己會和任何人在一起，因此，我很知足於自己的社交現實。

客觀來說，我的確是單獨一個人，但主觀而言，我並不感到孤立。請記住，大腦並不在意被貼標籤，唯有建立和維繫與其他人事物豐富而互惠的關係，才能真正讓大腦從中獲益，也才是我們的大腦所需要的。不管您的人脈有多廣，或社會期望為何，其實都無關緊要。終歸一句，個人的身心健康主要取決於社會關係的品質優劣。

要想出一個解方來抵禦孤獨，實在是難上加難，但新冠肺

炎爆發期間，大家被迫居家隔離，從CNN記者古普塔（Sanjay Gupta）博士、到我八十歲的女鄰居，甚至是專業運動員、到登山時偶遇的路人，人人都問我有何抵抗孤獨的解方。最後，我都以五個英文字母GRACE，做為總結建議：

GRACE是五個英文字的縮寫，代表個人照顧社會身體的方式，甚至在我們身處社交孤立之際，或當大腦愛情網絡斷線而特別容易受到危險的孤獨感侵擾時，全都適用。GRACE分別代表了：感恩（Gratitude）、互惠（Reciprocity）、利他（Altruism）、選擇（Choice）和享受（Enjoyment），且讓我逐一道來。

感恩：孤獨的人通常不會對自己的生活感到特別感激。儘管如此，試著強迫自己如同感恩節時，想出一些讓您心懷感激的人事物，也許是您的家人或寵物，抑或是您健康的身體或外面的天氣，甚至是您自己（感謝自己努力度過了每一天）。

每天試著寫下自己心懷感恩的五件事。研究指出，僅僅是如此簡單的練習，就能明顯改善個人主觀的幸福感，並降低孤獨感。

互惠：對孤獨的人而言，覺得最糟糕的事就是別人試圖幫助他們。若您認識感到孤獨的人，不妨請求他們的協助，讓他們感到受尊重、被依賴，讓他們理解自己的重要性，這些都能

為孤獨者帶來價值感和歸屬感，進而減少他們的孤獨感。

心理學家佛列德里克森建議，無論是對待家人或雜貨店的店員，我們都可透過微小的方式，與他人建立連結和共鳴，藉由培養如此的「微小瞬間」（micro-moment），藉機一步步敞開自我，您的情緒將可獲得提升，還能緩解些許壓力，長時間累積下來，將大有助益。

利他：從事志工服務，像在圖書館、跑步社團、紅十字會等自願服務。參與超越個人的志業，幫助他人，分享知識，感受使命感——這些都會讓人感覺自我的拓展，類似於我們在談戀愛時的體驗。

但是請注意，切莫讓自己分身乏術，或偶爾一時興起，才去自願服務。無論把時間投注在哪些助人的事業，都必須持之以恆，讓它成為生活的一部分。從事自願服務帶給人的影響十分驚人。例如，社會學家卡爾（Dawn Carr）和她的同事針對五千八百八十二名五十歲以上的成年人，進行了一項研究，結果指出：每週從事志工服務超過兩個小時，有助於喪偶婦女的孤獨感降低至「相當於樣本中已婚女性的水準」。

選擇：明白孤獨其實是一種選擇，即便感覺並非如此。有些人可能十分適應孤獨，但有些人卻可能感到孤立或被排斥，

其實一切都取決於自己的心態。您現在（沒錯，正是現在）就能決定自己想感到孤獨還是快樂。我們在研究孤獨者的心理介入方法時發現：改變他們的態度和觀點，這對於孤獨感評分的影響，遠大於增加社交接觸機會。

此外，如何看待社交生活，也會影響個人的社交體驗。哈佛大學 2020 年的一項研究發現，當人們被要求在候診室獨坐十分鐘時，通常會感到無聊或孤獨，但他們光是想到「孤獨的好處」時，此種感覺就會明顯減少。

享受：可以想見，這似乎是聽來最直白的建議了，請你盡最大努力享受樂趣與生活。科學研究顯示，享受是生活幸福和滿意度的預測指標。

值得慶幸的是，正向事件往往比負向事件更常發生，但是並非人人都會特意享受正向體驗。心理學家稱此種享受正向體驗的過程為「給予回應」（capitalization）。與他人分享好消息和共享美好時光，有助於增加正向情緒，並減少孤獨感。加州大學聖芭芭拉分校的社會心理學家蓋博（Shelly L. Gable）一項有趣的研究顯示，伴侶在親密關係中，花時間共同享受生活、並分享好消息，兩人在一起時，會感覺更幸福。

第 10 章

時間的考驗

美好的明天，奠基於今日的努力。

—— 白朗寧（Elizabeth B. Browning）

歷經重重艱辛之後，治療三部曲總算奏效了。頂尖的醫療團隊、本身的奮戰精神、以及愛的保護力量，幫助約翰戰勝了癌症，但與病魔纏鬥的激烈程度幾乎要了他的命。

第一次的化療和放療為期十四週：治療一週，然後休息一週。約翰會先接受一波化學治療和光子治療（X光治療），然後我們再獨自在家休養一星期，等待不可避免的副作用。

第一週在醫院接受治療過後，我們發現約翰可能注射了過量的化療藥物。我記得自己不斷打電話給護理師，詢問約翰出現高燒、嘔吐、嚴重的鵝口瘡等劇烈的副作用是否正常。不久後，約翰便吃不下任何食物了，醫師想在約翰的胃部放一根胃造廔管，直接為他提供營養。約翰生病之前，體格維持得非常好，腹部只有緊實的肌膚和腹肌。然而，當醫師切開他的腹部插入餵食管，約翰儘管已經麻醉，還是被劇痛給痛醒，並在恢復室裡開始放聲大叫，他很害怕、神志不清，以為只有槍傷能造成如此強烈的疼痛。他咕噥著：「保護歐巴馬！」（歐巴馬不僅是當時的總統，還是芝加哥的傳奇人物。）

約翰醒過來後，我們還為著他幻想的特勤局情節，開懷大笑。我們需要這一刻的宣洩，因為情況愈來愈不樂觀，血液檢查和掃描結果顯示，他所有代表癌症指數的腫瘤標記都朝逆向成長，癌細胞正在打贏這場仗，我們只能試圖在苦難面前保持堅韌。但是過了一段時間之後，痛苦也會讓人麻木。我們試

著從數據中尋找希望，即便總是嚇個半死，但我們還是情不自禁，想檢視數據、差量、**趨勢線**，我們以科學家的態度面對這疾病，彷彿這只是另一個用智慧和毅力便能解決的問題。

在醫院時，約翰甚至試圖說服醫師調整醫囑，約翰認為自己也許更了解如何使用止痛藥物，像是使用吩坦尼（fentanyl）止痛貼片來控制疼痛，如此一來，約翰便無需持續加高成癮性鴉片類藥物的劑量。他說服醫師照他的方式試試看。但就在醫師減低劑量後隔天，約翰便找了醫師過來，痛苦扭動著身子。

「所以……我的假設錯了。」

💙 創造回憶

理智上來說，我很清楚化療和放療正破壞著約翰的身體，使他由內而外日漸失去生氣，但是當我看著他時，眼裡所見的並不是病人，而是我心愛的丈夫，他的眼神一如我當初愛上他時那樣。我打從心底堅信他會戰勝癌症，也真心相信他可以完成任何下定決心要做的事。正因如此，一部分的我並不驚訝在歷經了數月的痛苦和不確定之後，情況終於出現轉圜：約翰的腫瘤標記開始好轉，掃描結果變得愈來愈乾淨。每傳來一條好消息，我們便以「蜜月快樂」舉杯慶祝。到了第十四週，約翰的腫瘤完全消失，他的癌症獲得緩解了。

　　約翰重返工作崗位，接下了下學期所有課程，並以全新的活力，重啟他的研究。然而，經過這場大病，我們都變得不太一樣，死神猶如不速之客，入駐了我們家，隨時提醒著我們。約翰心知他的癌症有很高的復發風險，他自豪自己勇於正視旁人可能會想極力忽略的事。他再次提到，我們應該期待最好的結果，但做最壞的打算。因此，他把「創造回憶」視為己任，希望能為我創造一些足以留念的記憶，以防萬一。

　　於是，我們重新交換了結婚誓詞，他穿著量身訂製的晚禮服，而我則穿著手工刺繡的白蕾絲婚紗，那是我們第一次在巴黎完婚時，沒能來得及穿的正裝。我們從芝加哥一路開車到他的家鄉德州西部，去看看約翰長大的小鎮。那次的公路旅行，目的有二：他想讓我看看他成長的地方，了解他的成長背景；其次，他也想再次感覺自己重新獲得掌控，不論是方向盤或人生皆是。

　　罹癌後，約翰對於如何利用時間，變得更加挑剔。在學術工作上，他著重於本身研究成果的後續影響，不再指導研究生和博士後研究員，僅關注尚未決定未來道路的大學生。他說：「指導研究生可以改變一個人的職涯，但指導大學生的話，可能改變的是一個人的人生。」

　　約翰年輕時教過瑜伽，所以要他「活在當下」一點也不難，但我從未見過他比治療過後那幾個月，更專注、更活在當下，

不論是個人生活或工作上，他將全副注意力集中在人際關係的品質上。

💜 從蒐集者變成體驗者

這對於在巴黎為我們證婚的心理學家卡斯滕森來說，可能並不意外，畢竟她長年研究人一生當中如何看待、理解自身的生活品質。她的「社會情緒選擇」（socio-emotional selectivity）理論認為，隨著年齡增長或面臨危及性命的疾病時，人看待本身生活滿意度的方式，往往會產生變化。

年輕時，人會認為自己擁有「遼闊又開放」的未來，因此能將死亡的想法先擱置一旁，而且由於認為自己還有時間，便會進入所謂的「蒐集模式」（collection mode），試圖累積金錢、地位、知識等事物，著眼於未來所用。然而，當人開始老化或出現健康問題時，內心的算計便會有所轉變，轉而尋求「情緒平衡」（emotional balance），更加注重令人滿意的重要關係和體驗，對當下比對未來更感興趣，重視質大於重視量，從蒐集者變成了體驗者。

人一旦有此轉變，日子通常會過得更好，這似乎有違許多年輕人以為的老年。年輕人多以為年邁時會變得體弱多病或感覺人生將盡，進而帶來絕望和沮喪之感。但正好相反，年長者

187

不僅更快樂，他們的記憶也變得有利於儲存正向資訊。卡斯滕森在一項研究中，向不同年齡的受試者展示了許多正面、負面和中性的影像，年輕人不管當下情緒如何，均同樣擅長於記住影像，但年長者記住的正面影像遠多過負面或中性的影像。

我們也觀察到此種傾向在親密關係中的作用，伴侶隨著年歲漸長，往往會變得較關注正面、積極的面向，對另一半更為寬容。這對於年輕情侶來說，聽來也許有些矛盾，但或許兩人在一起更幸福的方式之一，便是仿效較年長（或說較睿智）的人的思維，挑戰自我，去嘗試生活中更多的體驗，獲得更大滿足。如此一來，他們也許會發現自己更著眼於樂觀積極的生活面，而不再受到負面情緒或負面事物影響。

🤍 兩年之癢！四年之癢！

儘管人類某些方面的生物機制，會幫助「愛」倖存於生活的曲折起伏，但仍有其他危險等著我們，愛會以其他方式在漫漫人生中帶來考驗。

一般而言，談到未來，戀愛中的人總是感到心惶惶，因為絕大多數的情侶最終會以傷心分手收場。我們過去常說，美國半數的婚姻會以離婚告終，但隨著結婚的人愈來愈少，而且多半晚婚，離婚率隨之下降至百分之三十九左右，但數字依然偏

高，而且未婚情侶分手的機率更高。

史丹佛社會學家羅森菲爾德（Michael Rosenfeld）持續追蹤同性戀和異性戀未婚情侶的分手率，並且發現：年輕的戀愛關係中，不論是異性戀或同性戀伴侶，在一起第一年的分手率均高達百分之七十以上；第五年時，會下降到約百分之二十；從那時起，每一年的分手率都呈現下降，直到兩人在一起二十年時，同性戀伴侶分手的機率會穩定維持於百分之五左右，而異性戀伴侶則為百分之十。

情侶分手的箇中原因，自然是錯綜複雜，但通常可以歸結為兩大問題：與伴侶缺乏親密感或情感連結（所謂的「社交報償」），或是感到被伴侶拒絕或背棄（即「社交威脅」）。心理學家認為，這兩種造成分手的主導因素中，缺乏社交報償對於關係的存亡，更具決定性的影響。

無論是發自內心的愛的宣言，還是甜蜜的笑容，在一段關係中有許多方式，能帶給大腦和身體獲得報償的感受。大腦的愛情網絡因報償而感受、而活躍，它需要多巴胺，正如植物需要水、電動車需要電。少了多巴胺，關係只會走下坡，這便是為何我們可以用大腦的化學物質來解釋人分手的原因。

正如前面章節所述，當人墜入愛河時，多巴胺會淹沒大腦的報償系統，使人產生愉悅的幸福感。然而，即使是最熱烈相愛的情侶，這種最一開始、強烈的情感，也可能隨時間發生變

化，有些情侶會逐漸發展出更長期且具情感基礎的承諾關係，而有些人則可能因此分道揚鑣。

您或許聽說過「七年之癢」這個說法，但以科學上來說，更有根據的時間點是在一起兩年的瓶頸期。許多戀愛中的人因多巴胺而沉醉痴迷的腦袋，會在關係最初兩年的某個時間點，清醒過來，回到現實。

另一個關係出現危機的時期，是在第四年左右。美國生物人類學家費雪教授分析了各個文化的離婚率，發現情侶在此時的分手率出現高峰。費雪堅信，這個時間點恰好符合了孩子最需照料、以增加生存機會的時期——從演化觀點來看，在一起四年的時間長度，恰好足以讓伴侶共同撫育後代，度過最艱難的育兒期。

無論是因為我們與生俱來的遺傳傾向，還是對多巴胺的渴望，戀愛關係歷經最初幾年後，自然而然「從仙境落入凡塵」的感覺十分正常，這並不表示您與伴侶的關係出了問題，只是你們的關係逐漸改變，或者說好聽點，它正在進化。然而缺乏正向、強烈的愛的感覺，會讓一些習慣了此種感受的人，覺得似乎少了些什麼。

喬治亞大學心理學家拉夫納（Justin Lavner）與同事追蹤了三百三十八對配偶，觀察他們婚後最初十八個月的關係變化，結果發現，無論這些夫婦的年齡或婚前是否同居，多數新婚夫

婦短時間內的心情和個性，都經歷了顯著的變化。拉夫納的研究團隊發現，夫妻感情變得不那麼融洽，丈夫變得較不外向，而妻子態度則變得較為保守。

　　想當然耳，造成此種情況的原因相當複雜，但是，對任何夫妻或伴侶來說，其中的一大關鍵在於：總是心心念念於從相遇到相愛的那段舊日關係，作繭自縛。

　　但我們必須謹記一點，儘管科學證據顯示，兩人在一起的最初幾年有可能出現漸行漸遠的傾向，但是傾向不代表你我的真實命運必然如此。

♥ 不斷變動的自我

　　是否曾有人告訴過您要「做自己」？我實在想不出比這句話更受歡迎、或更沒建設性的社交建議了。每當有人要我「做自己」時，我通常會回答：「好的，哪一個？」

　　以大腦而言，自我是流動的，沒有固定的自我。實際上，關於我們是什麼樣的人，腦部不同區域有時會給我們相互矛盾的資訊。大腦前額葉皮質有一部分負責主掌及儲存自我意識的標籤、我們的性格特徵，像是我們自認自己是慷慨或世故、高大或英俊等。同時，角腦回和頂葉其他部分則負責發展更象徵性、不那麼膚淺的自我概念。換言之，前額葉皮質傳達的是表

191

象的自我,而角腦迴則是根據個人感受、行為和體驗,更接近您內心深處、難以言喻的自我,有時又稱為「真我」。

我在此想表達的是:從大腦的角度來看,自我並非是靜態的,而是不斷動態發展,包含了諸多元素。而戀愛關係是由兩個自我所組成,可想而知,更是加倍複雜,但我們卻時常忘了這一點。想維持幸福快樂且心滿意足的愛情,訣竅在於永遠別忘了您和伴侶是一直不斷在成長、不斷在改變的,所以,不論兩位已經在一起半世紀之久以上,永遠別忘了時時主動去深入「認識」您的伴侶。

所以,別擔心要「做自己」。一如我們目前已知的自我,其實會不斷變動,因此,只要真實面對您當下的自我,真實的自我便會自然顯現,而伴侶關係也會因此更加堅定。約翰和我正是最好的例子。

約翰與唾液腺癌奮戰之際,以及之後依舊令人不安的緩解期間,我們的關係從未受到影響,反而變得更親近。而我們的關係之所以能不斷調適、進而更加穩固,是因為我們從未想要假裝一切如故,不沉緬於我們的曾經,我們拒絕活在過去;反之,我們積極面對每個當下的考驗、變化,以及每個迫使我們成長、更為齊心的試煉;我們無話不說,一再調整,不斷重新尋找立足點,即使我們腳下的根基已然傾移。無論約翰處於何種狀態,我依然視他為我的丈夫,不改對待他的方式:我與他

分享我的快樂、憂懼，我向他尋求建議與幫助。

我們倆都從本身的學術研究了解到，互惠與互助在社會性動物演化歷程中的重要性。若我只把約翰當作病人對待、可憐他，他便會在我們的關係中失去使命感，而如此糟糕且令人迷惘的經歷，將使他更易於萌升孤獨感。

然而，我們並未如此，反倒是兩人緊緊相依。我們實踐心理學家所謂的自我揭露（self-disclosure），彼此分享生活起伏高低之中的各種隱而不顯的事——希望、快樂、回憶、以及日復一日建立與重建的各種事物，讓關係更密不可分。

💜 如何與陌生人快速墜入愛河

在所有令人眼花撩亂討論當代愛情的場域中，最知名的莫屬《紐約時報》廣受歡迎的「現代愛情」（Modern Love）專欄。該專欄自2004年以來，每週出刊一次，每年收到高達八千篇的投稿，堪稱整份報紙最令人嚮往的資產。2017年的「現代愛情」週年紀念特刊中，《紐約時報》決定介紹約翰和我的故事，我們深感榮幸。

我們講述了兩人如何相遇、最近與死亡擦肩而過的經歷如何讓我們更親密；然後，我從自己的愛情研究中，總結了一些見解。一名攝影師來到我們的辦公室，拍下我倆微笑穿著實驗

白袍的照片。報紙出刊時，約翰和我買下了附近每個報攤的報紙，以便我將這篇文章寄給在歐洲的家人。朋友和同事紛紛傳來訊息，我們的愛情故事彷彿正式被公開傳為佳話，約翰和我也希望我倆的故事足以啟迪人心。

雖然這篇文章的刊出，讓我們興高采烈，但影響力遠不及兩年前發表在「現代愛情」上的一篇熱門文章，標題為〈如何與陌生人快速墜入愛河〉。

這篇文章由溫哥華的寫作教師卡特朗（Mandy Len Catron）投稿，她分享了自己與好友一同複製了著名的社會心理實驗，該實驗最初在1990年代由艾倫夫婦（見第150頁）與數位同事進行，主要在測試他們能否透過操縱某些人性特質，讓兩名隨機的陌生人墜入愛河。研究人員從不同的門，將年齡相仿的異性戀男女送入實驗室，並讓受試者面對面坐著，輪流應答一連串愈來愈私人的問題，總共三十六題。

一開始，提問的問題相當尋常，例如「你理想的晚宴客人為何？」但旋即愈來愈深入，例如「你曾有過神祕預感自己將如何死去嗎？」不久後，這些問題便會促使受試者以各種方式互動，像是請兩人分別以「我們」做出三個真實陳述，例如「我們同處一室並感到……」。

此份問卷專門設計用來引導人揭露自我。艾倫夫婦的團隊不僅發現他們的實驗快速可靠的創造了形成浪漫愛情所需的親

密感，還獲得一個出人意料的軼事類型數據：實驗後六個月，其中兩名研究對象步入了禮堂，這一對新人還邀請整個實驗室團隊參加婚禮。

♥ 愛是一種選擇

如同任何優秀的科學家一樣，卡特朗也指出了自己這項改編版實驗的局限性：她身處擁擠的酒吧（且她約莫也有飲酒），而非實驗室；她的伴侶是朋友，而不是陌生人。然而，當她和友伴完成實驗問題時，她十分驚訝於兩人之間出現了前所未有的深情灌注。此項實驗最著名的步驟就是：受試者最後必須不發一語，彼此對視四分鐘。卡特朗寫道，此次的經驗比她做過的任何事（包括吊在一根繩子上，在岩壁晃來晃去）都更顫動人心、更讓人害怕。彼此對視的前兩分鐘，她幾乎無法呼吸；但接著她稍稍感到放鬆，然後開始感覺不那麼尷尬，再來便開始感覺對了。

實驗並未讓她陷入某種戀愛魔咒。然而卡特朗指出，這項實驗讓她明白，透過行動確實可以「產生信任和親密感」，而這些感覺正是愛的基礎。不僅如此，實驗後數週或數月過去，她和友人確實墜入愛河，她以下列的話為其佳文作結：「愛情並未降臨在我們身上，我們相愛是因為兩人做的選擇。」

　　對於正在尋找愛情的人或對目前關係不甚滿意的人而言，
「愛是一種選擇」這種想法深具影響力，這表示若您不滿現況，
可以採取行動改變它。一旦您和伴侶開始揭露自我，也許會發
生下列兩種情況：（一）兩人的關係變得更加堅定，或者（二）
您會意識到自己不該處於這段關係。

　　研究發現，親密關係中的自我揭露程度愈高，對關係的滿
意度也會增加。但這也是一體兩面：抱怨關係不夠親密的伴侶
往往也較少揭露自我。缺乏自我揭露，會讓伴侶或夫婦易於受
到孤獨的危險影響，包括先前討論過的所有害處，比如更容易
生病或早逝。

　　德國心理學家蒙德（Marcus Mund）和同事檢視了近五百對
長期交往伴侶的孤獨感，發現孤獨感與關係中肢體接觸的品質
並無關聯，但卻與缺乏自我揭露，存在強烈關聯，這也意味著
不願揭露「真我」的伴侶，可能會讓自己長期深陷折磨。

♥ 藉助科技，重組破碎的「心」

　　有時候，不論我們如何嘗試守護愛情，最終仍不免失去愛
情。而分手的原因也總是林林總總，像是無法解決的分歧、家
庭衝突、搬家、人生的優先順序不同、缺乏肢體親密關係等。
然而，當我們與曾經愛過的人分開時，腦內會發生什麼事呢？

　　自然是一團亂糟糟：我們經歷無預期的分手後，腦內負責渴望報償感受的區域，便會變得過度活躍，人會變得比伴侶在身旁時更愛對方、不斷尋找那個不再待在身邊的人、不斷尋求曾經與所愛之人有所聯繫的正向感受，這就是心碎或單相思。

　　除了報償系統之外，涉及反芻思考的前額葉皮質也會受到刺激，此處便是控制著我們反覆思索伴侶及關係中哪裡做對或做錯了的腦部區域。最後，我們會看到對疼痛有反應的前扣帶皮質等腦部區域也活化了。在近期針對剛分手女性所進行的腦部影像研究，顯示當她們想到分手的伴侶時，受到觸發的腦部區域與我們哀慟去世親人時所觸發的區域相同。換句話說，對大腦來說，慘痛的分手和親人死亡的傷感並無二致。

　　隨著神經科學家愈來愈善於準確找出愛情和心碎對大腦有何作用，不久的將來，我們也許可以仰賴腦電圖機來淡忘分手的傷痛，而不是單靠一盒面紙來度過。

　　以多才多藝的音樂人暨作家黛莎（Dessa）為例。她既是暢銷作家，還是流行嘻哈團體「末日樹」（Doomtree）的一員，在演藝事業上可說是取得了令人艷羨的成就。然而，黛莎的愛情生活卻沒有那麼順遂，儘管她用盡全力，仍無法忘懷前男友，一個她十多年來分分合合的男人、她不能沒有卻又無法相處的男人，那個男人在黛莎身上引發了各種正面、負面和混亂的情緒——沮喪、後悔、嫉妒或渴望。黛莎仔細思量過後深知，無

論如何，那個男人對她而言有害無利，但卻無法擺脫他。黛莎說：「我不僅心碎，還為自己無法重新振作而感到羞愧，我不曉得該如何放下這段關係。」

💜 運用「神經回饋」治療失戀

黛莎決定為此做點什麼，於是，她閱讀了愛情相關的最新科學研究，然後發現了神經科學家能夠使用腦部造影技術來衡量和定位腦內愛的感覺。黛莎不禁好奇，此種科技能否也用來將感覺歸零，並重新訓練她的大腦忘掉前男友。

黛莎在推特上面，找到了明尼蘇達大學神經科學教授歐曼（Cheryl Olman）。歐曼同意使用功能性磁振造影儀，掃描黛莎的大腦。歐曼在掃描時，同時顯示了黛莎前男友的照片和另一名特徵部分相似的陌生人照片（對照組）。結果在比較功能性磁振造影的特徵時，黛莎前男友的照片觸發了數個關鍵的愛情報償區域，包括尾核（caudate nucleus）和腹側被蓋區（見第47頁）；此外，與痛苦感受相關的前扣帶皮質也亮了起來。

歐曼傳給黛莎一張她大腦的剖面圖，準確顯示了她對前男友的感覺位置。黛莎看著掃描影像，下定決心要找到新方法來看待這段舊愛。

　　為此，她求助於神經回饋（neurofeedback）方法，又稱腦電圖生物回饋。簡言之，就是以神經回饋做為工具，透過測量腦波、並即時將結果顯示給佩戴頭環的人，幫助使用者察覺大腦在特定時刻的活動，目的是讓人能逐漸學習在特定情況下，訓練自己的注意力和調節情緒。此種療法應用音訊或視覺標記等各種輸出訊號，來幫助我們重組或重新訓練大腦。

　　黛莎接受了九次神經回饋療程後，覺得自己對前男友的關注減少了，彷彿前男友在她的情感世界中的分量縮小了。黛莎隨後在歐曼的實驗室再度進行功能性磁振造影掃描，結果顯示她看到前男友的照片時，先前過度活躍的腦部區域如今已安靜下來。

　　無論是神經療法的幫助，還是因為開始藉此練習用全新的方式思考和談論她的心碎，黛莎終於在情緒混亂多年後，成功找到了脫離心碎之路，而路徑便是直接透過她的大腦。

為什麼要戀愛
Wired for Love

第11章

痛失摯愛

親愛的，我從前如何能獨自一人生活？

沒有你，我缺乏自信、

缺乏對工作的熱誠和人生樂趣。

簡言之，沒有你，我的人生了無生趣。

—— 愛因斯坦

　　約翰和我，比世上任何夫婦更緊緊相依，儘管相隔兩地，我們還是墜入了愛河；我們跨越了文化、語言和年齡的差異；我們一同面對第四期癌症，並且抗癌成功。我們不僅覺得兩人的愛讓自己變得更強大、聰明，還產出了大量實驗數據來證明這一點。

　　然而，我肯定在某個時刻幫自己洗腦了。我把愛想像成一種超能力，認定若我們愛得夠深，便能從任何考驗倖存。身為一名科學家，我早該明白世事沒有絕對。

　　約翰確診後的兩年裡，曾在鬼門關前走過無數回，次數多到我都數不清了。經歷過生死關頭，某種程度上讓我們變得無所畏懼、心志更清明，也讓我們學會了該如何生活。工作、運動、照顧家人和朋友等約翰罹癌前真正要緊的事，如今對我們而言更是無比重要；而那些諸如頭髮灰白、寒冷的天氣、無止盡的塞車、社群媒體的按讚數等个那麼要緊的小事，幾乎變得無關緊要。

　　生命的色彩變得更濃烈，綠葉顯得格外青翠；因為深知世事多變，眼前擁有的一切不見得能長久，我們相處的時光也感覺更甜蜜。身為熱愛學習的人，無論發生何事、無論好壞，我們一直都有密切留心周遭事物的奇特能力，也因此更禁不住覺得如今覺察力更敏銳的新生活充滿了趣味，即便在偶有的莊嚴時刻，也同樣感到別有興味。

　　人生諸多方面愈瀕臨緊要關頭，我們愈讓自己樂在其中。也許正因如此簡單的理由，正因我從未讓自己憂心可能發生的情況，從未讓自己生活在恐懼當中，以致當壞事臨門時，我全然猝不及防。

💜 愛不是超能力

　　書寫本章，對我來說萬分艱難，最煎熬之處在於：回想這一切，意味著以某種方式重新經歷它一次。當我一筆一筆寫下這些字句時，心底其實無法確定是否要寫出這段故事，我不曉得自己是否想重回到那段時間。然而，若不說出痛失摯愛的感受，我的故事無法劃下句點，而我也無法真正發掘愛的深度。

　　我記不太清那天晚上發生的事了，僅記得一些拼拼湊湊的零星影像。只能說，當晚發生的事情讓我大受打擊，畢竟約翰那時狀況已好轉許多，他的癌症雖然復發並擴散至肺部，但他依舊極力奮戰。

　　約翰經歷治療三部曲之後，身體十分虛弱，甚至連衣櫃的吊衣架都拿不動，但他日日強迫自己回到健身房訓練，從五磅、十磅、然後到四十磅的重量，一步步重新鍛練體格。到了2017年秋季，約翰已準備迎接勝利——他恢復了胃口，重獲對研究的渴望，看來再健康不過。在此期間，許多遇到他的人甚

至不曉得他生了病；約翰還獲頒了芝加哥大學最高榮譽之一的「鳳凰獎」，並榮獲美國疾病管制暨預防中心（CDC）頒發的獎章，表揚他向全世界提醒了孤獨感的危險、以及在此方面所致力的工作，而且多虧了他，孤獨感如今已全面被視為普世的健康流行病（health epidemic）。

我們以充滿希望和滿足的心情，慶祝新年。然而2018年初幾週，約翰的身體狀況由好轉壞，甚至每況愈下。癌症治療引發的各種併發症，使得我們不得不住院幾週。

有天晚上，約翰各項生命徵象指數低到護理師和醫師認為他可能撐不過當晚，於是要我向他道別。但是隔天一早，他的生命徵象卻奇蹟似的恢復正常。2月時，我們出院回家，除了惱人的咳嗽不斷，約翰的病情逐漸好轉。朋友和鄰居輪流為我們送食物和遛狗，以便我們多點相處時間，專心在約翰的休養和康復上，以及適應我們的新常態。

同年3月5日，約翰到醫院接受了後續的門診治療。醫師說他「又過了一關」。我們很享受那一刻——我還記得，約翰和我們的朋友在電話上說到這個好消息時，臉上露出的燦笑。當晚，我們帶著如釋重負的心情就寢。

但是，兩小時後，約翰開始咳得比以往都更厲害，似乎喘不過氣一般。然後，在某個可怕的瞬間，他似乎感到體內某部分屈服了，他的嘴裡滿是鮮血。那一刻，約翰意識到自己的時

候到了，在他失去意識之前，他用一生僅餘的時間看著我，對我說：「我愛你。」

我打了電話叫救護車，然後為約翰進行了心肺復甦術。緊急救護員趕到時，試圖為他急救了數分鐘，才停止嘗試。

我乞求其中一位救護員：「求求妳，請妳再試一次。」

醫學上而言，約翰毫無被救回一命的可能，但那位救護員為了我，又試了一次。當她對我說，約翰已經離世時，我拒絕相信。我跪著哭著，求她讓我再試一次，所有的救護員彼此看了看，其中一位默默對我點了點頭，表示同意。於是，我又試了一次心肺復甦術，直到某一刻，自己意識到剛剛發生了什麼事、現在已發生了什麼事，於是，開始放聲吶喊。

💙 無法放手的愛

我震驚不已，當救護員告訴我，他們要把約翰帶走時，我還意會不過來他們的意思，但一理解之後，我便跟他們說，我必須同約翰一起去，我們不能分開。於是，我們搭著過去曾搭過無數次的電梯下樓，只是，如今這將是我們最後一次一起搭電梯。

社區大廳的門打開時，我正跟隨著躺在擔架上的約翰，同時能感覺到警衛和門房的眼神盯著我們。救護員將約翰推向等

候一旁的救護車，就在此刻，我第一次感受到了，我們的生活抑或我的生活，轉眼間徹底改變了，此種感覺肯定觸發了某部分的角腦回，因為我經歷了某種短暫、靈魂出竅的感覺，彷彿我人脫離了自己的肉體，從上方看著此刻——感覺有如大腦的保護機制，讓人的靈肉稍稍分離，以與當下經歷的痛苦現實，保持一些安全距離。

然而，這個痛苦現實又透過了我們的鄰居、友人和大樓裡照應我們的人哭泣的雙眼折射，而我透過鏡像神經元感受到了他們的難過和集體的痛苦嘆息，這讓我禁不住想崩潰。

我不只是為了約翰而痛心難受，也為他們難過。我們曾是「那對神仙眷侶」，總是形影不離，看來總是幸福快樂，但現在卻人事已非。這些人是我在芝加哥僅有的家人，幾位女鄰居與我一起前往醫院的太平間。我們討論喪葬安排時，我人在，心卻不在。某一刻，我突然問起身告訴殯儀館主管，我需要再看看約翰。

她告訴我：「我們不建議您這樣做。」她向我解釋人死後遺體會有何變化，約翰看起來可能有異於生前。我不在乎，我需要在他身邊，我需要在我丈夫身邊。他們帶我到停放約翰遺體的房間，我哭著與他傾訴。最後，殯儀館主管進來，好意勸我離開，我俯身親吻了約翰，再次告訴他我愛他。

　　我感覺這一切肯定是出了什麼差錯，我們不該在那裡，我們應該要回家！

　　約翰在世時，和我無話不談。我們當然也討論過他離世時我該做和不該做的事，像是如何通知朋友、同事和媒體，我該如何繼續工作和處理我們的家。然而，我們卻從未談過葬禮的安排。我開始執著於「回家」這個想法，想將葬禮辦在充滿兩人東西的我們的家裡。

　　我生長於法義混血家庭，在家中舉行葬禮的想法聽來並不像在美國那麼稀奇。例如，在我義大利祖母的家鄉，有人去世時，通常會敞開棺木停放在家中，讓親朋好友與鄰居前來拜訪致意，而死者親屬則會裝飾家門，通知村人家中親人的死訊，好讓其他人在親屬哀悼的過程中能分擔傷痛，並在需要時提供支持。我們家族的傳統是，寡婦必須著黑衣服喪一年，我們有必須遵循的儀式、行事方式和哀慟的途徑。

　　我個人較偏好此種傳統，我想約翰也會希望如此，但我之所以想帶他回家，絕大部分是因為自己還不願接受事實。部分的我仍在否認，認為這一切也許都只是暫時的、都會過去。我感覺自己摸索著某種開關，也許找著了，就能把我們帶回過去熟悉的世界；也許約翰只是去醫院住幾晚，接受了一些新的治療，而我如果夠堅持、專注和固執的話，也許能重返他身旁。

💙 需要心靈護欄

我感到十分幸運，我的閨蜜兼鄰居費爾娜妲（Fernanda）恰好是一名臨床心理學家。她每天都來看望我，也深知當人在面臨人生劇變之際，當所有心情如海嘯般襲捲我時，她能為我做的就是靜靜陪伴我。每每當我感謝她如此特別的恩惠時，她只回我：「這不是恩惠，這是愛。」

我也有幸與住在同棟大樓裡的一些正統猶太教婦女，建立了友好關係。這群女性平時儘管照顧著不停壯大的大家族，但總是不疾不徐。她們總是如此鎮定且溫暖，隨時能與我閒聊，拿我們的狗、她們的孩子、孫子、或天氣說笑。約翰去世的那晚，她們聽到了我的尖叫，立即衝到家中來幫我，而且很清楚該怎麼做。當我握著約翰的手、無法放開他時，她們都緊緊抱著我。

接下來的日子裡，儘管我與這群婦女信仰不同，儘管我們只是鄰居，她們卻接納、照應我，而我也順勢接受了她們的安慰、善意和猶太丸子湯。她們教我猶太教傳統「七日守喪期」（shiva）的習俗，為我的悲傷提供了某種規範和儀式。我既遵循著天主教家庭的傳統，也採行猶太鄰居的禮俗，用各種可能方式哀悼我的摯愛。我著黑衣、把家中所有鏡子都蓋上了布、配戴交叉的黑絲帶象徵我的失去，我還聆聽各種不同宗教撫慰人

心的祝禱。我感覺自己被賦予了空間，分享我的悲傷。

　　大家有時會混用「悲傷」（grief）和「哀悼」（mouring）二詞，但科學家和心理健康專家認為，兩者即便相關，仍然有區別。「悲傷」包含了失去所愛之後，體會到的想法和感受，而「哀悼」則是對外界表達此種內心狀態的方式。在部分地區的傳統文化中，哀悼的過程可能是約定俗成的儀式，甚至必須遵循一定的規範。例如，在中國，紅色象徵幸福、快樂和好運，是中國婚禮上新人常穿著的傳統色彩，所以，家中有親人過世時，不能穿著紅色衣物；在菲律賓，通常會開著棺木守靈一星期，而在此期間則嚴禁掃地。

　　除了如葬禮等少數固定的傳統之外，西方現代世界的哀悼方式可說是因人而異，並無固定的規則供人遵循。好處是：人們可隨自己心意，以適合的方式來哀悼他們的失去，無需觀察何謂「正確」的方式。壞處就在於：若他們不曉得該如何哀悼或紀念逝去的摯愛，除了失去帶來的大慟之外，還可能感到混亂、無助、失去方向。

　　我需要某種規範的儀式來哀悼，而七日守喪期是我能找到最接近我祖母過世時的儀式化哀悼方式。我需要心靈上的護欄來抑制和控制我心中錐心刺骨的痛和混亂。我的許多鄰居確保我不孤單，確保我活下去，但我也只是勉強活著。我甚至無法離開大樓去遛狗，鄰居還不得不介入幫忙。

我第一次設法下樓到大廳時，大樓裡所有工作人員看到了我，立刻走了過來，他們給了我一個團體擁抱，就像籃球隊在比賽結束後齊聚在一起一般，只是我們都在哭泣，傷心欲絕。

♥ 有如失事的沉船

之後幾個星期，我把約翰寬鬆的連帽上衣，披在我窄小的肩膀上，頭戴著我送給他的棒球帽，帽子上有兩個字母RF，代表世界球王費德勒（Roger Federer）的名字。我們倆都是死忠的網球迷，不過，過去幾年，我們決定這兩個字母的含義應該改為「永遠的愛」（Romantic Forever）。那頂帽子、約翰的連帽上衣，成為了我的制服、我的第二層肌膚。

幾星期變成了幾個月過去，我在約翰去世後所獲得的大量溫暖和善意，慢慢減少了。大樓裡原本就不熟的人，開始迴避我，畢竟他們已經向我致意過了，現在更不曉得該說些什麼。我發現自己變得更封閉，我不想被看見，受夠了那些可憐我的眼神。我把自己藏在帽子、太陽眼鏡和寬鬆毛衣底下，很快的大家就認不出——或假裝認不出我了。我任由自己變得有如幽靈一般，而大家也見我如見鬼。

我所有關於情緒腦和人類心理學的知識，在約翰走後的當下，似乎都不管用了，也幾乎毫無意義。我無法為自己做任何

事情，甚至連泡一杯咖啡的動力都沒有，我感到茫然無助。但是，約翰去世幾星期後，我必須為他籌辦一場追思會。若當時沒有我們的親朋好友、鄰居和同事的善意、支持和協助，包含當時的芝加哥大學校長齊默（Bob Zimmer）與妻子莎荻（Shadi Bartsch-Zimmer）教授的幫忙，我永遠不可能辦好如此感人的追思活動。

追思會在芝加哥大學最悠久的洛克斐勒紀念教堂舉行，約翰曾在此處發表過畢業典禮演說。

當天，教堂裝飾著丹麥王儲妃慷慨贈送的白花，她與約翰熟識，並深受約翰關於孤獨的研究成果所啟發，她開創性的非營利基金會也以孤獨為重點工作之一。

芝加哥大學降半旗以示哀悼，我從未見過學校為其他已故教授這麼做。芝加哥大學的風笛大師演奏了〈奇異恩典〉。我頭戴黑色面紗，記得自己幾乎無法與任何人交談。哥倫比亞大學教授羅爾（見第140頁）也出席了追思會，七年前在我們巴黎的婚禮上，他擔任女方家長，將我的手交給約翰。羅爾看到我時，當下唯一能想到用來形容我的詞是德語Scheitern，來自他所閱讀的德國哲學書，粗略翻譯的意思是「失事的沉船」。這正是我當時的感受，彷彿一艘曾經耐得住風浪的船，如今正快速沉沒。

致悼詞時，我沒有崩潰。我心知自己談到約翰對我的意義

時，無法不潰堤，所以我讓自己專注於在場所有人，以及來自全球各地寫信給我們的人。我知道自己可以代約翰向所有人致謝，向我們的家人、朋友、同事和學生致意，感謝他們的支持和關心。

最後，我感謝約翰，以此為簡短的致詞作結。在那個當下與他交談，給我某種（不真實但安慰的）感覺，覺得他仍與我們一起，而我需要這份感覺，才有力量站在那裡。我說，我很感謝約翰與我相愛，與我同樣熱愛科學；我談到了約翰的研究和才華，還有他如何為我們對社會關係的全新理解奠基，為我們提供了實證，證明唯有與人連結、建立關係，生活才更有意義。

然而，我邊說著，邊望向那一張張哭泣的臉孔，深切明白自己人生最重要的連結已不復存在。坦白說，我無法確信自己是否還有可能，重拾有意義的生活。

第 12 章

如何走出悲傷深淵

哀痛欲絕的人，最不想聽到的話便是：

時間會治癒一切。

—— 約翰 · 卡喬波

💙 時間不能治癒悲傷

我傷心欲絕，感到深切的孤獨。慶幸的是，我嫁給了一位專門研究孤獨的學者，他深知如何克服悲傷，在我所到之處留下了提醒，告訴我該做什麼、該採取什麼行動。

而我一遍又一遍回顧的約翰往事，其中之一便是他在美國退休人員協會大會上給年長者的演講，內容主要關於如何照料痛失所愛的人。

我一直想找句約翰說過的話，來與家人和朋友分享，希望這句名言智語，能提供他們安慰，引導大家度過悲傷。最後，我在約翰葬禮那天，找到了這段影片——我在 YouTube 輸入約翰的姓名，找到了我從未看過的影片，然後按了「播放」。突然之間，約翰彷彿直接對著我說話，那雙惹人憐愛、水汪汪的大眼，比平時更慈祥，更善解人意，似乎能感受到此刻他所面對的人的苦痛。

影片中，約翰提及一項他關於孤獨的縱貫研究，那時我們仍在芝加哥大學針對年長者進行此項研究。此項由他開啟的研究，當時已進行了十一年，許多研究對象都差不多在此時失去了生命中重要的人，如摯友或結縭五十載的伴侶去世。

約翰明白，對這些人來說，此種失去猶如世界末日，但是約翰一次又一次目睹，研究對象如何「從讓人支離破碎的社交

孤立處境中振作起來」。所以，約翰敦促人們要有耐心，「有時當世界看來一片黑暗時，我們必須將逆境化為順境，必須釐清當下有哪些契機，而非放棄」。

此外，約翰也一如既往，駁斥傳統思維：「哀痛欲絕的人最不想聽到的話便是：時間會治癒一切。然而，讓傷口癒合的不是時間，而是行動、認知、以及與他人的互動。」

接下來數月，我反覆思索這個想法──治癒悲傷的不是時間，而是「他人」。我有如禪宗公案（koan，譯注：指禪宗祖師的法門、內省經驗或發人深思的軼事，無法以邏輯推理或一般常識來加以解釋。禪宗公案通常用以開悟人心或是教學，檢驗學人所參的悟境）一般，深思著這段話，有時在心裡與它辯證。因為事實是：無論我多想繼續信奉我倆共同研究所得的智慧，但失去約翰之後，我對他人毫無興趣，我只想要他。

約翰，我現在如何能讓新的人進入我的生活？我現在如此悲傷，我的大腦不停發送著求救信號，我大腦的愛情網絡關閉了，我的角腦回──那有你在內的自我成長和拓展的部分，不再活躍，讓我感覺不僅失去了丈夫，還失去了自己。當這一切發生時，我要如何主動與他人接觸？

然而，即便是在約翰生前，我也總是辯不贏他。我在腦海裡聽到了他的聲音，溫暖夾雜著一絲冷靜理性，告訴我，即使他離開了，生理上而言，我們的愛早已編碼寫進我的心智。但

他沒有告訴我的是，或我不願聽到的是：重新啟動愛情網絡，需要力量，去面對失去伴侶的悲傷和苦痛。

♥ 反芻悲傷，身心俱疲

　　我十分震驚於約翰的死帶給我的痛，不僅是心理上，還包括生理上的痛。我的心口著實灼熱了好幾星期，幾乎吃不下東西，一個月內體重掉了十公斤。經歷摯愛的死是人所能承受、數一數二的巨大壓力，而這種壓力會反映於身體，人能敏銳察覺。這就解釋了為何喪親期間仍在世的配偶，會出現眾多嚴重的醫療情況——安靜心率（resting heart rate）加快，血壓上升，體內充滿了壓力荷爾蒙皮質醇，免疫系統受到抑制；甚至在極少數情況下，聽到摯愛去世的震驚消息就足以致命。

　　一個人痛失所愛之後的二十四小時內，心臟病發的風險比正常人高出二十一倍至二十八倍，具體取決於您與過世之人的親近程度。

　　即使沒有心臟病發，有些人會覺得自己經歷了心跳停止的情況，他們其實是患了心碎症候群（broken heart syndrome），這是一種罕見疾病，因為急性壓力導致心臟負責泵血的心室極度收縮，心室形狀產生痛苦變化。所以，俗話說得對，在極少數情況下，人的確可能心碎而亡。

　　然而，即便我們倖存於親人過世最初的衝擊，之後數月內仍可能面臨風險。1960年代一項與悲傷相關的開創性研究，調查了英國四千四百八十六位鰥夫。他們在喪偶後六個月內的死亡風險，比同年齡的已婚人士高出了百分之四十，而六個月過後，他們的死亡率開始與同年齡的其他人保持一致。然而，近期研究也顯示，失去另一半的人在極度悲傷的時期結束後許久，罹患心血管疾病、糖尿病和癌症的風險會升高，尤其是如果他們仍受悲傷折磨。

　　悲傷不僅有害身體，還會折磨我們的大腦。人在悲傷時，往往無法好好思考，因為此時大腦的警報中心——杏仁體，會過度活躍，而負責「調節和計劃」的前額葉皮質則活動不足，這便是為何人在悲傷時難以完成簡單的任務，他們因哀慟而糊裡糊塗，可能會忘記運動、吃飯、忘了將咖啡豆放入咖啡機，或在高速公路上直接駛過應當要下的交流道。

　　人在悲傷時之所以如此魂不守舍，部分原因在於：我們不僅從自己的立場看待失去，也會從失去的親人的角度來思考。還記得前幾章介紹的鏡像神經元系統知識嗎？即使伴侶死後，我們在他們仍在世時所感受到的同理反應，仍無二致，當我們看著他們的照片，或在腦海中想著他們時，不禁會心想他們對自己的死亡究竟作何想法或感受。我十分清楚自己想到約翰時正是如此。儘管我明白自己是兩人關係中唯一深受折磨的人，

但卻全心關注於他的痛苦，彷彿他仍然能感受一般。我心想：
這不公平。還有，他太英年早逝了。我一次又一次希望走的是
我，而不是他。

這便是心理學家所謂的反芻悲傷（grief rumination）。無論是
用相反事實來折磨自己（如果做了什麼或沒做什麼？），還是
執著於天道不公（為何是他？為何是我們？），某種程度上就
是一遍遍在腦海與內心，重新經歷死亡和失去，如同非自願的
分手一般，此時涉及「瞬間重歷其境」（flashback）和自傳式記
憶的腦部區域也會被觸動，過去兩人一起生活的片段如電影預
告般閃現眼前，而且結局總是讓人悲傷。涉及身體感覺的腦部
區域也會受到觸發，使人從肉體上感受情感的苦楚，如胸口或
四肢發緊、呼吸急促、頭痛、奇怪的麻木感。

所有這些身心失調的危險，會促使大腦主要的威脅偵測器
進入紅色警戒狀態。您或許覺得最可怕的事已經發生了，但控
制人生存本能的杏仁體，正全力發送訊號至下視丘，釋放出大
量化學物質，讓我們的身體持續處於戰或逃的狀態。人可以維
持此種狀態數日、甚至數週，但長久下去，麻煩就大了。

現在我們已清楚得知，人生來並不適合時時處於此種壓力
狀態，然而，當我們因為痛失所愛，啟動了不會消失的壓力反
應而陷入此種情況時，大腦迴路很可能重組，心智也會疲憊不
堪。

🩶 悲傷五階段？沒那麼簡單

　　人在極度悲傷時，表現形式各異：有人感到憤怒、沮喪、絕望；有人則是脫離現實、衝動行事、或過度壓抑。如今普遍喜歡用「階段」來談論悲傷，但這有時會給人一種錯覺，使悲傷的歷程聽來似乎有某種訣竅，彷彿經過悲傷五階段之後，便已「完成功課」，人可以不再悲傷。

　　然而真正的情況是：對大多人而言，悲傷猶如一陣漩渦，可能同時感受到諸多情緒，抑或是一遍又一遍的歷經同樣感受。人偏好以步驟來思考悲傷，是希望透過這些步驟，能引導我們走出傷痛。

　　對許多人而言，情況確實如此。他們在失去摯愛六個月到十二個月後，會從混亂悲傷中走出，儘管無法再像從前一樣，但他們會開始繼續生活，探索新的選擇，如約翰所說的，這些人會從讓人支離破碎的社交孤立處境中振作起來。話雖如此，失去摯愛的人當中，大約有百分之十的人，一年後仍然走不出傷痛，他們陷入了心理學家所稱的複雜性悲傷（complicated grief）之中，變成了失戀的行屍走肉，以迫切的渴望，思念著所愛之人，即便理智上知道兩人不可能重聚，但他們所到之處都會想起自己無法擁有的事物，此種狀態將會消耗掉生活中所有的快樂。

　　一般的悲傷與複雜性悲傷的關係，正好類似於一般的孤獨與慢性孤獨。孤獨和悲傷都是人體某種保護機制、演化上的生理適應訊號。孤獨告訴我們必須與他人重新建立關係，才能生存；而悲傷則是幫助我們面對失去的創傷，我們必須學著相信這個過程，接受悲傷時大腦所發生的變化，並注意這些改變，接受所有浮現的情緒，把此期間感受到的迫切和陌生感，當作療癒的邀請。

　　不過，有些人無法做到，於是，他們陷入了複雜性悲傷，如同慢性孤獨一般，這可能會危及他們的心智、心靈和身體健康。

　　精神病學家歐康納（Mary-Frances O'Connor）與加州大學洛杉磯分校的同事，針對受複雜性悲傷和一般悲傷所苦的對象進行研究，他們一邊向研究對象展示所失去的親人的照片，一邊進行腦部掃描。結果發現，深陷複雜性悲傷的受試者腦中，由多巴胺驅動的報償系統的某個區域── 依核（nucleus accumbens），會受到刺激而活化，但一般悲傷的人卻沒有反應。

　　依核相連了位於大腦最古老的邊緣系統內側的杏仁體，通常會在我們渴望某樣東西、或是追尋某樣事物並期待終將獲得時，變得活躍。神經科學家已發現，比起實際獲得報償，依核對預期獲得報償，較為敏感。

　　所謂健康的悲傷，表示當您看到逝去之人的照片時，十分

清楚那不代表「現存的報償」，而是對去世之人的追憶。然而無論出於何種原因，深陷複雜性悲傷的人卻是難以理解這項事實，他們無法接受心愛之人死去，腦海深處仍期待著能再度見到他們，再次感受他們在身旁。

依核雖位於大腦所謂的報償迴路，但它過度活躍時，並不表示有好事發生；事實恰恰相反。複雜性悲傷若不加以治療，可能嚴重有礙身心，部分研究人員如今已經確立了複雜性悲傷與創傷性腦傷（traumatic brain injury）之間的關聯，並發現證據顯示：複雜性悲傷可能會加速失智症、或其他認知退化症狀的發作。

💙 逃避無濟於事

陷入複雜性悲傷的人，試圖應付痛苦的方法之一，就是避免去想他們失去的人。這其實不無道理，逃避是一種自然之事甚或是適應機制，幫助人管理痛苦。然而，當我們過度依賴這種適應機制時，可能反倒不利於身心。

心理學家深知，人若持續逃避悲傷所引發的情緒，將永遠無法克服傷痛。多項眼動追蹤研究指出，較常反覆思索自己已經失去所愛的人，往往更容易避免去想念逝去的親人。總體而言，比起面對悲傷和處理悲傷所引發的情緒，逃避可能會消耗

更多精神能量，使人更加焦慮、更不在意生活的其他層面。

話雖如此，以我為例，逃避並不是個選項。我太專注於自己的悲傷了，根本無法對它視而不見。無論我走到哪，都被提醒約翰已不在身邊的事實。儘管我不得不面對悲傷，痛苦依然沒有減少。事實上，面對失去摯愛之痛，是我人生做過最艱難的事。

而我差點就走不出來。

💙 行屍走肉

失去約翰數星期後，我仍夜夜哭著入眠，無法從生活任何層面獲得樂趣。追思會並未替我帶來解脫，似乎只是讓約翰的離去，感覺更加真實。我的腦海裡不停閃現追思會的畫面，看見自己頭戴黑色面紗，走在教堂送葬隊伍的前頭，痛苦的呼吸著，走向……然後又一把被拖回現實，現在呢？我現在該如何是好？

我試著重拾簡單的社交互動：我與鄰居閒聊，和朋友喝咖啡，但我心知自己很消沉，而以前的我從不知消沉為何物。我總是垂頭喪氣，毫無精力與胃口，我聞不到路邊馥郁的花香，我看見鳥兒、但卻對牠們的歌聲充耳不聞，我食之無味。

我試圖擺脫孤獨的籠罩。失去約翰一個月後的某個晚上，

我的一群鄰居聚在大樓裡的視聽室看籃球賽：沙加緬度國王隊對上約翰最愛的金州勇士隊。房裡擠滿了人，我走進去時，室內頓時鴉雀無聲，大家見到我都很驚訝，畢竟過去四星期，我基本上都處於隱居的狀態，但是，每個人都微笑以對，很高興看到我往「正常生活」邁出這一步。

某種程度上，我漸漸愛上了這些人 —— 我和約翰去化療的路上幫助我們的警衛，陪我一起度過七日守喪期的婦人，還有約翰去世後隔天巧遇我和巴喬的遛狗夥伴，她一見我的表情便明白發生了什麼事，立刻擁抱我，我們相擁而泣。所有人都在視聽室裡，相處得很開心，揮手示意我加入他們的談話。您可知，我當時被如此多關懷面孔包圍時的感受？

我感到孤獨，全然的孤獨！對我而言，孤獨感證明了沒有約翰的人生並不值得活下去，但這似乎有悖於約翰說過的簡單道理 ——「不是時間」而是「他人」幫助我們度過悲傷。我上樓，打開公寓的門，癱軟在地板上。我想著放棄，決心結束一切痛苦。我感覺自己的生活失去了意義，我大腦由杏仁體控制的警報系統似乎正走向自毀，刺耳的負面警報干擾已淹沒了理性的前額葉皮質，使前額葉皮質無法發出抑制訊號，幫助杏仁體冷靜。

我的人生已跌至谷底。然而，不知何故，我內心的科學家在那一刻，突然奇蹟般的採取行動，一個懷疑性的假設浮現在

我絕望困惑的心中：若今天結束一切是個好主意的話，明天也仍會是個好主意。

（容我正式聲明，這從來都不是一個好主意。）

所以，我決定留待明日再決定，但在睡前，我向住在彼岸的老友發出了求救訊號。那時我所需要的幫助，不再只是度過最初失去約翰那幾星期時的基本卻必要的善意，像是來自好心鄰居的關懷擁抱、關心眼神或猶太肉丸湯；我需要的遠超出於此，我需要有人告訴我如何幫助自己。

🖤 跑離黑暗深淵

隔天早上醒來時，我依然看得見足以讓自己粉身碎骨的萬丈深淵，但某方面來說，我不再覺得自己瀕臨崩潰邊緣。我內心的風暴已過，出現了一絲曙光──收件匣裡有一封來自老友的電子郵件，而那封信也許可以救我一命。

老友是退役的職業網球選手，我們在多年前偶然相識，在我眼中，他有點像「智者」，熟諳如何在最緊張的情況下保持冷靜。他很清楚我人生前半部的故事，包括我如何獨身多年，以及遇到約翰之前認為自己永遠不會找到真愛。然而，從我們上次聯絡已相隔多年，他並不曉得約翰生病的事，更不知道約翰已經去世。

　　我們往來了幾封表達關懷與支持的電子郵件後，便安排了時間通話。我不太確定自己希望聽到他說什麼，我一直和其他親朋好友保持聯繫，他們對我毫無保留，拚了命想幫我，希望能找到合適的建議，讓我擺脫悲傷。然而，他們所做的一切似乎都起不了作用。

　　老友與我簡短交談幾分鐘後，便感覺得出我幾乎處於命懸一線的狀態。我們的通話很簡短，幾乎不帶感情，但他說的句句屬實。他告訴我，若我覺得再也分不清自己是誰，無法相信自己的心智，那麼我應該相信自己的身體。他問我家附近是否有公園或可以跑步的地方，我說不遠處有一條兩英里的跑道。

　　他說：「好，穿上你的跑鞋，來回跑三趟。然後明天同一時間，打電話給我。」

　　他不曉得我當時的體能有多差、有多虛弱。我已經許久未跑過六英里路了，但我向來是個好學生，所以完成了他交辦的作業。我跑了半趟便已氣喘吁吁、汗流浹背、一瘸一拐，但我決定繼續跑，最後走完了剩下的五英里。第二天，我全身痠痛得想整天躺在床上，但我的老友——我習慣叫他「教練」，告訴我再去跑六英里。於是，我去跑了。然後，隔天再去跑六英里，日復一日。

　　整整一年，我每天跑六英里路。教練還告訴我要吃什麼食物、如何平衡液體和固體的攝取、甚至還有每晚睡前該讀什麼

讀物。他還傳給我一份鼓舞人心的影片和紀錄片清單,當中不乏一些運動員歷經艱辛的人生故事,有人失去了家人或四肢,有人克服赤貧和虐待,成為冠軍。這些故事某種程度上確實鼓舞了我。

我定期與教練保持聯繫,但他並不會回覆每一條訊息,不過我每週都會收到他的來信。心理學家(以其書呆子的方式)稱呼這種看似隨機回覆訊息的直觀技巧為「變動比例制的操作制約」(operant conditioning with variable-ratio schedule),目的是為了讓受試對象不斷猜測,創造無法預測的獎勵,以維持其自我復原能力,同時加速行為的改變。

這聽來似乎違反直覺,但有時人在悲傷的時刻,最需要的不是可以倚著哭泣的肩膀,而是可以握住的手,或有時甚至是被狠狠修理一頓。

教練對我十分嚴厲,若我試圖尋求他的肯定,他會斷然拒絕。有天我告訴他,我現在跑一英里只需要花八分鐘,他回答我:「我祖母都跑得比你快。」

還記得某個冬日,我在密西根湖邊跑步,冰冷的雨水夾雜著冰雹,打在我臉上,天寒地凍,幾乎令人難以忍受;但我在這零下的天氣裡所經歷的身體之痛,遠比不上回家時等著我的椎心之痛。那一刻,我好希望自己能在寒冷的天候裡,一直跑下去。

教練對我說：「跑下去總比逃跑好。」我承認，起初自己只是想逃跑，但當我跑得更多更遠時，我能感受到腦內啡、多巴胺和血清素等所謂的跑步荷爾蒙，充滿全身，對我的身心起了效用。最後，我靠著跑步，平復了複雜性悲傷，走出黑暗深淵。我利用身體的自然機制以及大腦天生的恢復力和社交性，倖存下來，正如約翰所建議，我在他人身上（教練、運動員的故事、他們所體現的內在韌性）找到了力量；除此之外，我也在自己身上找到力量，我跑向了「真我」。

數月之後，教練跟我說，是時候該重拾兒時熱情了，也就是我的老朋友——網球。雖然我一直比較偏愛單打，但還是報名參加了女子雙打聯賽。如今，至少在網球場上，我已經準備好找一個搭檔了。

💙 永恆的真愛

我還想分享一則愛情故事：費曼（Richard Feynman）和他第一任妻子阿琳（Arline Greenbaum）的愛情故事。費曼是我這本書中提及的第三位理論物理學家。

這讓我不禁心想，物理學有何魔力，居然催生出如此多扣人心弦的愛情故事？費曼除了提出和繪製次原子粒子的路徑圖（費曼圖）、於1965年獲頒諾貝爾物理獎之外，還是文筆優美的

作家暨科學傳播者，他的諸多著作向大眾介紹了物理學相關知識；然而，費曼寫過的其中一部最偉大的作品，一生中從未親自發表，就是他寫給亡妻阿琳的信。（編注：費曼過世十餘年後，女兒米雪發現這些書信，選輯出版成《費曼手札：不休止的鼓聲》一書。費曼自述的生平故事和物理學著作，詳見《別鬧了，費曼先生》、《你管別人怎麼想》、《物理之美》、《這個不科學的年代》、《費曼的主張》，以及《費曼物理學講義》套書。）

阿琳是費曼高中時的心上人。雖然費曼後來去念大學和研究所，追求他卓越的物理學事業，但費曼始終決心要娶他的初戀情人，而且在阿琳被診斷出患有末期肺結核後，心意更加堅定。1941年，小倆口從曼哈頓坐渡輪前往史坦頓島，在兩名陌生人擔任證婚人之下，在市政廳私定終身。由於擔心感染肺結核，費曼只能親吻新娘的臉頰。

阿琳去世將近兩年後，費曼寫了一封信給她，信中可讀到一名理性的科學家真情流露、嘗試、掙扎、試圖理解摯愛死後愛的奧祕與意義。費曼敞開心扉，傾訴阿琳對他的意義，形容阿琳是「女軍師」、「他倆所有瘋狂冒險的主腦」，並坦承沒有阿琳的人生讓他倍感孤獨。費曼分享了他內心的恐懼、希望，以及他多麼願意一直照顧阿琳，給阿琳安適的生活，與阿琳一同從事做衣服或學中文等「小計畫」。

費曼在信中所展現的，幾近所謂的永恆真愛，也許比本書

任何科學理論的解釋都更接近。最後，費曼以文情並茂、優美且令人難忘的頂真句，為信作結：「吾愛吾妻。吾妻已逝。」然後簽下自己的名字，並附言：「請原諒我並未寄出此封信，因為我不曉得妳的新地址啊。」

💎 擁抱驚喜和「放手」

人生若有如搭雲霄飛車，那麼，受困最深的人，便是那些無法接受自己被綁上車的人、那些無法理解自己控制不了起伏跌宕的人。我發現，面對無情的恐懼，睜開眼尖叫、緊抓住朋友的手臂、或甚至請陌生人坐在身邊握住你的手，都好過試圖控制無法掌控的情況。

不過，我並非從實驗室或在跑道上，領悟了這個道理，而是透過跳傘學到的。那是約翰走後的夏天，我前往瑞士探親，一群老朋友決定為我準備生日驚喜，他們告訴我，某天一早來接我，我只需要穿著舒適的衣物和慢跑鞋就好。我十分期待，以為我們要前往阿爾卑斯山某個景點登山。結果，當我們抵達某個並未對外開放的地點時，我看到幾架小型飛機在草地上空盤旋，還有人揹著奇怪的背包。

接著，我瞬間意識到，那些背包裡裝著降落傘。

我的朋友們大笑著吶喊：「驚喜！！！」

　　朋友的計畫是只有我和跳傘教練一起跳傘，而他們則會在地面上等我，好幫我拍照留念。我不解，我以為所謂的朋友，不正該一起共享歡樂嗎？而不是看著你的好友嚇個半死。難道他們不曉得我非常害怕飛行嗎？即便我試圖聽從自己畢生致力研究而得的智慧，要自己擁抱驚喜跟「放手」，但世上少有比跳傘更讓我害怕的事了。

♥ 人生最終要學會的一課

　　飛機艙門打開時，恐慌籠罩著我。雙人跳傘教練試圖向我說明，要我在飛機艙門打開時放聲尖叫，然後我會感覺一陣氣流撲到臉上，這有助於人避免感到缺氧，並可應付因跳出機外而萌生的非常自然且合理的恐慌和畏懼。尖叫有助於大腦接受疼痛和不適，讓人專注於當下，如同運動、大笑或哭泣一樣，會釋放腦內啡，影響大腦控制疼痛和快樂的邊緣系統。

　　研究顯示，比咬牙試圖壓抑自己，當我們發出聲音、表達自己的痛苦，在感到痛時，大喊「噢！」其實能夠承受更多痛苦。科學家過去認為，尖叫這種爆發式的發洩方式只是某種溝通形式，是表示遇到麻煩的訊號，但現在他們也將尖叫視為某種自然緩解痛苦的方式。

飛機實在很小一架，所以乘坐起來非常顛簸。機艙門打開時，我害怕得不得了，注意力也變得十分有限。我試圖將精神集中在跳傘教練說的話上，但在螺旋槳隆隆的運轉聲中，我只聽到了「恐慌」和「尖叫」二詞。

「知道了！！」

我開始在飛機艙內放聲尖叫，然後，當我們俯衝穿過雲層時，依舊持續尖叫。未張傘前、自由墜落的四十秒間，我一路尖叫到底，幾乎是在當下便意識到：這是我失去約翰後，人生最美好的四十秒！此時此刻，我深切明瞭，恐懼如同快樂，都由大腦合成，儘管我們無法控制發生在身上的事，但可以控制自己如何看待這些事，即使知易行難。

那一刻，我明白了，如果我想將約翰繼續留在生活中，就必須面對回憶他的傷痛，試圖接受他已不在人世的哀傷。一旦我做到了，面對了自己的恐懼，便會發現約翰無時無刻不在我身邊。

這是我人生最終要學會的一課：在一個人離開之後繼續愛著他，意味著更貼近他，以心智、以最接近內心深處的方式，來記憶他。

結語

成為更好的伴侶
成為更好的自己

💙 疫情下的社交孤立感

如同全球數百萬人，我獨自面對了新冠肺炎這場大疫，不確定未來將會如何。我會孤獨終生嗎？我們的社會關係是否會改變？我們還能回到常軌嗎？

與世隔絕之感令人難以承受，對許多人而言，這是前所未有的感受，但對我來說，卻是我終其一生都在準備面對的。遇見約翰前，社交孤立感象徵著我特有的存在；約翰去世後，又讓我感到有如天崩地裂一般。因此，疫情期間，我感興趣的觀察著世上其他人對於共同的社交孤立感有何反應。

疫情一爆發，我諸多從事社會科學研究的同僚，便爭先恐後進行實驗，試圖掌握在此千載難逢的事件中，人類獨特的心理狀態。但是我沒辦法做實驗，大學校園關閉，實驗室關了，功能性磁振造影儀器也停機。我个得个坐着我們的孤獨研究所做出的預測，在現實生活中即時上演，希望這場大疫儘管帶來了重重考驗，但最終也能為人類的社交生活帶來正面影響，強迫整體社會進行一次巨大的心理重開機，讓我們這些生活於日益原子化且孤獨的世界的人，學會如何與他人建立關係，懂得更加包容（即便是遠距情況下），了解理出人際關係優先順序的重要性，明白我們必須先照顧好自己，才能照顧他人。

3月下旬，芝加哥陷入嚴寒，全面封城。我決定自己需要短

暫換個環境。不論晴雨，我都深愛芝加哥，但我實在無法再在公寓大樓裡度過另一次危機。我需要綠意，需要大自然，我必須被樹木和希望包圍。位於奧勒岡州的波特蘭浮現腦海，約翰和我曾在2015年造訪此地，我們曾幻想有一天能在此處定居，在距離市區僅幾英里的奧斯威戈湖畔買棟小屋。我花了點時間搜尋，終於找到了我們夢想中（或看來很像）的房子，而且在還沒看房之下，就已先租下它。

封城一開始時，班機停飛，坐火車或客運並不安全，好在我有我們久放於大樓車庫的車。於是，我收拾好一些行李，帶著我們坐在副駕駛座的沙皮犬巴喬，一起離家。我從芝加哥一路開車到波特蘭，為期三天，每天開十二個小時。我選了一條更長、更神祕、風景更美的北方路線，從明尼蘇達州明尼阿波里斯、北達科他州法哥市、蒙大拿州的比靈斯、博茲曼、米蘇拉，穿過斯波坎谷，一路開往華盛頓州邊境，然後沿著哥倫比亞河一直到波特蘭。路上杳無人跡，我住的每家旅館幾乎都全空。有時，開在北達科他州和蒙大拿州的冰天雪地之中，感覺已不像是在開車，更像在空曠的高速公路上滑冰。當我進到波特蘭時，車上已積了厚厚的雪和泥土。

初抵波特蘭時，我先是靠包裝食品為生，如能量棒、盒裝湯品等等。解封後，我開始直接向附近的農場買菜。每天清早我會先慢跑數英里開啟一天，然後工作、用各種視訊軟體進行

線上會議。如同大家一樣，我也重新定義了自己的常態，但我的新常態有些奇怪：幾乎每個星期都有記者與我聯繫，先是《紐約時報》，然後是《華盛頓郵報》、CNN、《Vogue》、《美力圈》（Women's Health）、《國家地理》雜誌，全都想了解度過社交孤立的祕訣。他們不想和「愛情博士」說話，他們想要的是「孤獨博士」，但是他不在了，所以便請我代約翰發言，說明我們共同完成的研究，以及我個人對開發臨床介入措施的貢獻，以幫助大家減輕社交孤立的影響，並促進社會關係的良性發展。

有時，記者甚至會真的將我們兩人弄錯，每當我收到寄給約翰·卡喬波的電子郵件時，總是會心一笑，這些「親愛的約翰」郵件，彷彿讓他繼續以某種形式存在於世上。

♥ 認知行為治療

儘管如此，收到這些電子郵件對我而言，也是一種苦澀的提醒：由於我一次又一次被迫面對無法將信轉給約翰的事實，於是更不得不聚焦於自己失去的一切。因此，為了克服每封電子郵件帶來的痛苦，我必須有意識的覺察內在，讓痛苦的經歷浮現，並將其與正向的記憶連結——心理學家稱此為「認知行為治療」（cognitive-behavioral therapy, CBT）。

據神經學家修曼（Lisa Shulman）博士指出，認知行為治療

是「人透過創造新的心智連結，來減少情緒負擔」。以我為例的話，我記得約翰過去收到媒體邀請、或任何科學相關問題的電子郵件，都十分開心，他很熱愛此類來信，因為這給了他分享所學的機會。一想到這點，每封「親愛的約翰」郵件便讓我想起了他的笑容，如今我已經可以從更正面的角度，看待這些來信。

在談論我們在孤獨方面的科學研究，為他人提供建議時，我試圖保持正面及客觀；但我也發現，為了真誠表達、忠於自我、並與他人建立聯繫，我必須揭露自我；為了讓其他人明瞭我如何度過了社交孤立的難關，我也必須承認自己曾屬於孤獨的一員。

我在疫情前便已深知，與他人分享正面消息對人際健康的好處，但分享負面經歷對我而言，完全是新的經驗。此次疫情幫助我更深入了解集體分享的益處，以及我們如何能一起提高共同的社會資本（即從社會關係中獲得的內在力量）。我如今明白，談論負面的事和釋放負能量並不相同，情緒即情緒，既不正面、也不負面，我們對於情緒的反應才是關鍵，決定了對健康、幸福和長壽的影響究竟是正面或負面。

為了建立生活的結構感，我每天清晨4點30分起床，那時外面天仍是暗的、寧靜、祥和。接著，我會冥想，向新一天的生活表達感謝，然後運動。接著我會拿起筆電，在大窗旁坐下

工作。夜晚凝視著星辰時，我感覺大疫期間的日子其實無異於太空站上的生活，既與世隔絕、卻又高度相連。

正是在如此的早晨，我打開電子郵件時，發現了一封來自美國航太總署（NASA）的邀請函，他們與美國國家衛生研究院合作，希望邀我針對孤獨的大腦這項主題，進行線上演講。我很好奇太空人為何會對我的研究感興趣，在我眼裡，他們才是隔離生活的大師。他們可以獨自在太空中度過一年，利用正向思維、結構化的例行事務、運動和使命感，來控制孤獨的影響，我們才應該向他們學習。

那場線上演講，與我參加過的任何其他活動都相去甚遠，出於保密原因，我無法看見與會者，只能對著黑黑的電腦螢幕說話，回答來自不知名聲音的有趣提問。我不確定自己的演講是否真的有助於航太總署的人員，但此次經驗讓我意識到，太空生活正好類比了我們當前的現實。疫情期間，正如太空人一般，我們必須重塑自己的心智與思維，以便與所愛的人保持密切聯繫，即使有時彼此相隔甚遠。從生日慶祝到遠距醫療，我們不得不將大部分的社交互動，移至虛擬世界。

疫情期間，我花在觀星上的時間比平時更多。2021年春天某個夜晚，我從波特蘭往南驅車，開了三小時，來到位於太陽河草地的自然中心和太空觀測站。嚮導告訴我，我抵達的時機正好，據他估算，短短幾分鐘內——準確的說應該是晚間 11 點

22分，國際太空站（ISS）將出現於我們的上空二十秒，然後消失。太空站反射的太陽光，使其明亮到肉眼即可看見，在我眼中，它彷彿一顆流星，於是反射性的許下了願望。

那晚，無雲的天空中高掛著一輪滿月，幾乎毫無光害，我想到了位於太空中的太空人，被八十八個星座包圍，而星座原本也只是隨機散布的繁星點點，直到人類的心智運用想像力，將它們連接在一起。這些星座在兒時啟發了我的好奇心，促進我的心智成長；在青春期陪伴著我；而多年後，當我感到迷惘時，也為我指引了方向。

黑暗中的星辰，讓我想起了一位好友總是提醒我，「掙扎有其美麗之處」。儘管面臨種種挑戰和低迷的時刻，永遠別忘了以新角度看待事物，我們永遠有新的方式可以去建立連結。有時需要做的，只須記住：一直抬頭挺胸向前。

♥ 席琳·狄翁之愛

回首一路走來，我並不認為自己的故事獨一無二。我遇到了形形色色的人，他們與我分享自己的愛情與心碎的故事，我總是在他們的快樂和痛苦中，看見自己。愛和孤獨之類的感覺是普世的存在，跨越了各種藩籬，是人人都會有的感受。

關於孤獨，其中令人意外的一點是：有別於其他慢性健康

風險，我們的社經地位並不具有任何保護力，舉凡廚師、運動員、護理師、警衛、物理學家、詩人，甚至流行歌手，不論是誰，人人都可能會經歷心碎。

以席琳‧狄翁為例。儘管她以情歌天后聞名，但大多數人並不知曉她真正的愛情故事。狄翁剛成為明星時，愛上了自己長期以來的經紀人安傑利。狄翁一直十分仰慕安傑利，他從狄翁年輕時，便一直支持她，引導她的事業發展。安傑利離過兩次婚，和狄翁相差二十多歲，因此狄翁的母親強烈反對這樁婚事。曾經有一段時間，狄翁試圖隱藏自己的真實感受，然而她對安傑利的感覺太強烈、太純粹，難以壓抑。

狄翁和安傑利決定放手一搏，勇敢去愛。加拿大電視臺全國轉播了兩人的婚禮，他們的愛情故事公開上演，狄翁毫無保留，她認為自己無可隱瞞；狄翁全心全意愛著安傑利，他是狄翁唯一在一起過、也是唯一吻過的男人，他們一起度過了幸福的二十一年。2016年，安傑利與殘酷的食道癌長期抗戰後，不得不在人生最後幾年，透過鼻胃管灌食，最後在狄翁的懷抱中去世，享年七十三歲。兩天後，狄翁親愛的哥哥同樣因癌症逝世。

這是從細胞層面體會到何謂失去的女人，狄翁深知被愛的感覺，因而可能感到更深刻的孤獨。她從未忘記安傑利，甚至複製了亡夫的手，製成銅像，每晚她都會先握過銅手再上臺。

記者幾乎從狄翁埋葬安傑利的那一刻起，便迫不及待想問她，能否想像自己再度墜入愛河。而安傑利去世六年後，狄翁的答案震驚了記者，她說：「我沐浴在愛中。愛不見得要再婚，當我看見彩虹、日落或優美的舞蹈時──我便感到沉浸於愛中。我熱愛演藝事業，所以每晚登臺演出。」但狄翁依舊獨身，雖獨自一人，但沐浴在愛中。

　　希望閱讀本書的您，能從狄翁、我和許多失去摯愛的人的故事，以及書中介紹的人際連結相關的神經科學知識，學習到比起我們所讚揚的價值，愛其實是更廣泛的概念，我們必須開始不將愛這個現象視為個別且難以言喻的情緒，而是認知上和生理上的要件，可衡量、但變化萬千，不僅能讓我們成為更好的伴侶，還能成為更好的自己。

💙 愛是孤獨的反面

　　本書由我獨自開始，也將由我獨自結束。身為在實驗室研究愛情、以及在生活中親身體驗愛情的神經科學家，我相信自己已找到了愛長長久久的關鍵。重點就在於保持開放的心智，這道理絕對是知易行難，而想要開啟心智，必須先了解人的心智如何運作。

　　這正是您與我透過這本書試圖達到的，想想截至目前我們

241

所學所知的一切：我們知道愛是一種生理需求；社會關係促使大腦演化為宇宙最偉大的器官；演化也會產生孤獨和悲傷等嫌惡訊號，藉此鼓勵我們好好照顧自己的社會身體；獨自一人並不代表孤獨；我們知道愛不僅賦予人天然的興奮劑做為報償，還能滿足人類拓展自我的需求，而此種拓展需要我們潛入自我的內心空間，誠實以對，真正面對自我，揭露我們最真實的模樣；我們知道，從大腦的角度來看，對個人的愛和對運動、職業或生活目標等事物的熱愛，十分類似；還有，真正的愛必定涉及心智、內心和身體；我們也知道，堅持去愛有多難，放手就有多難，失去愛時就有多受傷。

約翰曾經說過，英語中並不存在「孤獨的反義詞」，孤獨就如同飢餓、口渴等生理需求，也會引發渴望，只是我們缺乏孤獨的反義詞。然而，我從自己的學術研究和親身經驗，廣泛理解了愛之後，我開始認為愛其實是孤獨的反面。愛便是約翰多年來，一直在尋找的社會連結之感，也是我至今從身旁的人獲得的感受。無論您的愛情故事結局為何，希望現在的您能更受到鼓舞，勇敢找尋自己所愛。

在此，獻上我全部的愛。

〄 誌謝 〄

　　我帶著謙恭的心，書寫本書最後幾頁。在我內心深處，總感覺人生旅程中遇到的每個人，某種程度上都啟發了我，或教會我關於人生的道理，為此我深表感激。

　　我非常感謝本書中提及的人士（未依照特定順序），以及那些我可能未提到、但對我而言彌足珍貴的人。

　　首先，我要向生命中的摯愛，表達永遠的感激之情，我在1月的冷天遇到了你，而你永遠溫暖了我的心，你啟發了我，現在依舊日日夜夜以最神祕、美麗的方式，繼續鼓舞著我。你的熱情、才華、能量、專業操守、縝密的創意思維、優雅、和對世人無盡的愛，開啟了我的心扉和心智，引領我進入了從未想像過的世界。這個世界裡，擁有簡單而深刻的內在美和內在真理，微笑可治癒心靈創傷，充滿了歡樂、希望和創新，有意義的生活是彼此互連相依的生活。思及你已不在世上，依然讓我心情沉重，但每一天我會以心智、以最接近我內心深處的方式，來想念你。

我還想對我們所失去的每個至親和摯愛，表達深深感激，他們激勵了我們，不斷鼓舞我們每天拿出最好的自己，永遠保持好奇心，親切待人，永遠不把任何人事物視為理所當然。

深切感激約翰和我的整個家族，謝謝他們一直以來的支持和愛護，謝謝所有為我們持續提供支持和表達關心與愛的人。約翰的精神將藉由他開創性的科學理論、以及所有被他感動的人，長留我們心中。

特別感謝 Laura Carstensen、Jack Rowe 和所有與我們一起在巴黎的科學家，他們將科學會議變成了一場心靈饗宴。

萬分感謝所有啟迪（並持續激發）我的所有伴侶：我慈愛的父母、本書中提及的夫婦及伴侶、《紐約時報》「現代愛情」專欄中的伴侶、以及我幸福快樂的朋友們。

十分感激 Stephen Heyman 的優美文筆、敏銳頭腦和無比耐心，非常專業的為我編輯了書稿多版的草稿，並協助我解釋科學理論，編排我詩意的構想。今日所呈現的作品，絕大部分得歸功於他。

我還想感謝 Steven Pinker、Elaine Hatfield、Richard Davidson、Giacomo Rizzolatti、Michael Gazzaniga、Scott Grafton、Jonathan Pevsner、Jean-Rene Duhamel、Richard Petty 和 Ralph Adolphs，謝謝各位替我預讀本書部分章節或段落的草稿。

十二萬分感謝我的經紀人 Katinka Matson，感謝她聰明的

腦袋和堅定的支持；感謝我在 Flatiron Books 出版公司的編輯 Megan Lynch 和 Meghan Houser，謝謝他們寶貴的指教與協助將我的人生故事和想法變成了一本書；以及 Flatiron Books 出版公司每一位讓本書得以出版的人：Malati Chavali、Nancy Trypuc、Marlena Bittner、Erin Kibby、Christopher Smith、Kukuwa Ashun、Emily Walters、Vincent Stanley、Molly Bloom、Donna Noetzel 和 Bob Miller。

我還要感謝所有的記者、思想家和評論員，謝謝你們的詢問和引人入勝的問題，在過去二十年來不斷挑戰我，促使我持續拓展自己的心智到從未想像過的新領域。

衷心感謝我在科學界的所有導師、同事和朋友，其中包括 Elisabetta Làdavas、Alfonso Caramazza、Giacomo Rizzolatti、Michael Gazzaniga、Scott Grafton、Paolo Bartolomeo、Steve Cole、Stefano Cappa、Michael Posner、George Wolford 和 Bruce McEwen。多年來，他們啟發了我的思考，灌輸我嚴謹的科學方法、教導我神經科學的基礎知識、社會心理學和認知心理學的原理、以及複雜的數學方法，同時在所有科學發現中依舊保持愉悅的驚喜與好奇之心。

我想要向芝加哥大學普利茲克醫學院（University of Chicago Pritzker School of Medicine）所有護理同仁、員工和醫師，誠摯致謝；還有感謝芝加哥大學醫療衛生體系會長 Kenneth S. Polonsky、

基礎科學院長 Conrad Gilliam、精神病學和行為神經科學系主任 Daniel Yohanna、芝加哥大學榮譽校長暨前校長 Bob Zimmer 與夫人 Shadi Bartsch-Zimmer、以及所有的同事，為我提供了富同理心且珍貴的學術環境。

無比感謝所有參與研究的受試者，謝謝各位撥冗參與，並大方與我們分享您的思維。感謝我所有的學生、研究助理和助教，他們也是我另外的靈感來源，他們的熱情、創意和奉獻，令我印象深刻。

我還想向我就讀或工作過的大學裡的每一位人士致謝，他們鼓勵我突破個人極限，開始探索心智之美。我想感謝達特茅斯學院（Dartmouth College）的 Leah Sommerville、Emily Cross、Antonia Hamilton 和所有其他同事，謝謝你們長時間在實驗室裡分析大腦數據，然後再跳上越野滑雪板回家。

我也深切感謝瑞士日內瓦大學醫院（University Hospital of Geneva）所有病人不屈不撓、啟迪人心的內在力量和平靜，感謝所有護理師無比高尚、令人敬佩的冷靜，以及努力幫助病人度過各種難關和情緒起伏。還有衷心感謝我在神經學樓層及心理學和臨床神經科學系的所有導師和同事，特別是 Theodor Landis、Olaf Blanke、Margitta Seeck , Christoph Michel、Marie-Dominique Martory、Françoise Bernasconi、Jean-Marie Annoni、Fabienne Perren、Stephen Perrig、Pierre Mégevand、Patrik Vuilleumier、

Armin Schneider、Francesco Bianchi-Demicheli、Paul Bischof、Dominique DeZiegler、Goran Lantz 和 Claude-Alain Hauert。

感謝加州大學聖巴巴拉分校（University of California in Santa Barbara）所有在各自領域中啟發我的教授和同事，特別是 Nancy Collins、Shelly Gable、Leda Cosmides 和 Brenda Major。

謝謝雪城大學（Syracuse University）所有同事的支持，特別是 Amy Criss、William Hoyer、Larry Lewandowski 和 Brian Martens。另外，我也要感謝阿根廷認知神經學研究所的所有同仁，尤其是 Facundo Manes、Blas Couto 和 Agustin Ibanez，謝謝他們令人振奮的交流與對話、對科學研究論文的巨大貢獻、以及幫助病人的無窮熱情。

此外，非常感謝教導過我的所有大學教授和小學老師，尤其是 Moreau-Gaudry 夫婦和 Roche 先生，他們給我最大的兒時禮物，就是教我如何分享知識。當然，我也萬分感謝我的網球教練，他們給予我人生中深刻的使命感和對運動的長久熱愛。

非常感謝我西海岸的所有朋友，尤其是 Candice 和 Roger、Marylyn 和 Neil、John 和 Sharon，以及 Kim、Becky、Gucci 和 Charlotte，謝謝他們日以繼夜、時時刻刻給予我無盡的支持；還有 Sharon 和 Michael 充滿包容的心靈與心智。無限感謝我在奧勒岡州的所有朋友，他們不斷激勵著我。

特別要感謝我在芝加哥的所有好友、門房、警衛、大樓員

工和鄰居，相信他們知道我指的是誰。特別感謝 Fran 和 Marv、Jamie 和 Bruce、Lorna、Gail、Ann、Trish、Dawn 和 Tim、Shawn 和 Jeff、Patricia 和 John、Lorraine 和 Jon、Linda 和 John、Laura 和 John、Cathy，以及 Craig、Debbie 和 Jim、Maureen 和 Sherwood、Mahtab、Sean、Angela、Elizabeth、Yolanda、Eric、Marvin、Cameron、Roy、Patrick、Emanuel、Arturo、Tom、Jerome、Jean-Claude、Joseph 和 Jacob，感謝他們對約翰永遠的愛、深厚的內在力量和鼓舞人心的團隊精神。

　　此外，很謝謝我的女性好友，尤其是 Fernanda、Leila、Nisa、Sandra、Nicole、Josée、Rosie 和 Christiane，感謝她們活力十足的熱情、永遠的鼓勵、以及對各自伴侶和小孩感動人心的愛。過去兩年，她們調皮的幽默感、願意與我一同觀賞足球比賽、參加金恩盃（Billie Jean King Cup）美國－瑞士網球聯賽、陪我爬山、做瑜伽，或只是分享她們對知識的熱情，都幫助我振作起來。

　　誠摯感謝丹麥王儲妃殿下，在我生命中最需要的時刻，給予我無盡的支持、暖心的話語和療癒的笑容。Jane Persson、Helle Østergaard 和非營利組織瑪麗基金會（Mary Foundation）的所有團隊成員，感謝他們無條件的愛和堅定的奉獻，並不斷致力於串連人心，和平對抗孤獨。

　　無限感謝我的愛犬巴喬，帶著我與牠一同散步，感謝牠的愛和帶給我的撫慰。

　　感謝「教練」照亮了我的療癒之路，以身作則，總是鼓勵我打起精神、抬頭挺胸，透過運動教導我，追求內在智慧的永恆喜樂，並鼓勵我啟發他人。

　　最後，最重要的是，謝謝閱讀這本書的您，深切感激您閱讀了這本書，即便我得重新經歷這一切，還是很謝謝大家的鼓舞，讓我能撰寫這本書、分享我的故事。所以，謝謝各位激發我再次深入內心，幫助我發現人生故事中的一線希望，並看到一切人事物之美。

　　我的愛與感謝，將會一直持續⋯⋯

◇ 參考資料 ◇

前言　愛情萬歲

狄拉克問海森堡「你為何要跳舞？」：Graham Farmelo, *The Strangest Man: The Hidden Life of Paul Dirac, Mystic of the Atom* (New York: Basic Books, 2011), 187. 參見Richard Gunderman, "The Life-Changing Love of One of the 20th Century's Greatest Physicists," *The Conversation*, December 9, 2015, accessed July 1，https://theconversation.com/the-life-changing-love-of-one-of-the-20th-centurys-greatest-physicists-51229.

我親愛的曼琪，妳讓我的人生發生了美妙的變化，你讓我更像個人。：Farmelo, *The Strangest Man*, 284, 295–320.

1950年美國單身成年人僅占百分之二十二，如今有半數成年人是單身：Nora Daly, "Single? So Are the Majority of U.S. Adults," pbs.org, September 11, 2014, accessed July 1, 2021, https://www.pbs.org/newshour/nation/single-youre-not-alone.

根據美國2020年一項全國性調查指出，單親家庭的孤獨感高於其他家庭：Center for Translational Neuroscience, "Home Alone: The Pandemic Is Overloading Single-Parent Families," *Medium*, November 11, 2020, accessed September 28, 2021, https://medium.com/rapid-ec-project/home-alone-the-pandemic-is-overloading-single-parent-families-c13d48d86f9e.

蘇格蘭2018年的一項調查顯示，三分之一的單親父母時常感到孤獨：J. H. McKendrick, L. A. Campbell, and W. Hesketh, "Social Isolation, Loneliness and Single Parents in Scotland," September 2018, accessed September 28, 2021, https://opfs.org.uk/wp-content/uploads/2020/02/1.-Briefing-One-180904_FINAL.pdf.

2015 年至 2020 年間，交友軟體營收從 16.9 億美元躍升至 30.8 億美元：David Curry, "Dating App Revenue and Usage Statistics (2021)," BusinessOfApps.com, March 10, 2021, accessed July 1, 2021, https://www.businessofapps.com/data/dating-app-market.

近百分之三十九單身、喪偶或離婚的網路用戶表示，自己曾於調查前一個月使用網路約會服務：Tom Morris, "Dating in 2021: Swiping Left on COVID-19," Gwi.com, March 2, 2021, accessed July 1, 2021, https://blog.gwi.com/chart-of-the-week/online-dating/.

也有一些當真透過網路約會成功建立長期關係、令人欣慰的數據：John T. Cacioppo et al., "Marital Satisfaction and Break-ups Differ Across On-line and Off-line Meeting Venues," *Proceedings of the National Academy of Sciences* 110, no.25 (2013): 10135–40.

比起眾多選擇，人其實較偏好有限的選項：Elena Reutskaja et al., "Choice Overload Reduces Neural Signatures of Choice Set Value in Dorsal Striatum and Anterior Cingulate Cortex," *Nature Human Behaviour* 2 (2018): 925–35.

根據劍橋數學博士生計算，伴侶關係在封城期間平均「老」了四歲："Lockdown Love: Pandemic Has Aged the Average Relationship Four Years," *Business Wire*, February 10, 2021, accessed July 1, 2021, https://www.businesswire.com/news/home/20210210005650/en/Lockdown-Love-Pandemic-Has-Aged-the-Average-Relationship-Four-Years.

半數的美國夫婦表示，共同隔離的經驗讓他們的關係變得更緊密：Lisa Bonos, "Our Romantic Relationships Are Actually Doing Well During the Pandemic, Study Finds," *Washington Post*, May 22, 2020, accessed July 1, 2021, https://www.washingtonpost.com/lifestyle/2020/05/22/marriage-relationships-coronavirus-arguments-sex-couples.

三分之二的三十歲至四十九歲人士表示，當他們試圖與伴侶交談時，對方有
時會因手機而分心：Pew Research Center, "Dating and Relation-ships in the
Digital Age," May 2020, accessed July 1, 2021, https://www.pewresearch.org/
internet/2020/05/08/dating-and-relationships-in-the -digital-age.

伴侶之間還面臨了親密關係的經典問題：Ellen S. Berscheid and Pamela C. Regan,
The Psychology of Interpersonal Relationships (New York: Routledge, 2016),
429.

半數單身的美國成年人（多數為女性），如今表示他們甚至不想去約會：Pew
Research Center, "Nearly Half of U.S. Adults Say Dating Has Gotten Harder for
Most People in the Last 10 Years," August 2020, accessed July 1, 2021, https://
www.pewresearch.org/social-trends/2020/08/20/nearly-half-of-u-s-adults-say-
dating-has -gotten-harder-for-most-people-in-the-last-10-years.

單身生活在全球日益普遍，眾人都遍尋不得合適的伴侶，日本便是特別明顯的
例子：Conrad Duncan, "Nearly Half of Japanese People Who Want to Get Married
'Unable to Find Suitable Partner,' " *The Independent*, June 19, 2019, accessed
July 1, 2021, https://www.independent.co.uk/news/world/asia/japan-birth-rate-
marriage -partner-cabinet-survey-a8966291.html.

美國的千禧世代中，有百分之六十一的人目前並無配偶或伴侶：Richard Fry,
"The Share of Americans Living Without a Partner Has Increased, Especially
Among Young Adults," Pew Research Center, October 11, 2017, accessed July 1,
2021, https://www.pewresearch.org/fact-tank/2017/10/11/the-share-of-americans-
living-without-a-partner-has-increased-especially-among -young-adults/.

我一次又一次聽到學生告訴我，他們盡量不在大學期間墜入愛河：Kate Julian,
"The Sex Recession," Atlantic, December 2018, accessed July 1, 2021, https://
www.theatlantic.com/magazine/archive/2018/12/the-sex-recession/573949/.

我在街上遇到了一名窮困潦倒的年輕人，他戀愛了：Victor Hugo, *Les Misérables*
(New York: Athenaeum Society, 1897), 312–13.

作家喬伊斯在《尤里西斯》裡這句別具寓意的名言「愛就是愛上愛」：James Joyce, *Ulysses* (Oxford: Oxford University Press, 1998), 319.

第 1 章　社會腦

多數是用「心」來形容愛……「在喜悅中展開其心」：Desmond Sheridan, "The Heart, a Constant and Universal Metaphor," European Heart Journal 39, no.37 (2018): 3407–9.

亞里斯多德還注意到，大腦有別於其他臟器：C. U. M. Smith, "Cardiocentric Neurophysiology: The Persistence of a Delusion," *Journal of the History of the Neurosciences* 22, no.1 (2013): 6–13.

亞里斯多德的論點：C. C. Gillispie, Dictionary of Scientific Biography, vol. 1 (New York: Charles Scribner's Sons, 1970).

各個器官會透過荷爾蒙、甚至壓力波，彼此不斷作用：Beatrice C. Lacey and John I. Lacey, "Two-Way Communication Between the Heart and the Brain: Significance of Time Within the Cardiac Cycle," *American Psychologist* 33, no.2 (1978): 99. See also Rollin McCraty et al., "The Coherent Heart: Heart-Brain Interactions, Psychophysiological Coherence, and the Emergence of System-Wide Order," *Integral Review* 5 (2009): 10–115; Antoine Lutz et al., "BOLD Signal in Insula Is Differentially Related to Cardiac Function During Compassion Meditation in Experts vs. Novices," *Neuroimage* 47, no.3 (2009): 1038–46.

「告訴我愛情源自何方？來自心房？還是腦海？」：William Shakespeare, *The Merchant of Venice* (Shakespeare Navigators website), 3.2.63–64.

達文西將大腦視為心智之所在：Jonathan Pevsner, "Leonardo da Vinci's Contributions to Neuroscience," *Trends in Neurosciences* 25, no.4 (2002): 217–20. See also Pevsner, "Leonardo da Vinci's Studies of the Brain," *The Lancet* 393 (2019): 1465–72.

接收、處理和轉譯資訊的「黑盒子」：Sophie Fessl, "The Hidden Neuroscience of Leonardo da Vinci," Dana Foundation, September 23, 2019, accessed July 1, 2021, https://dana.org/article/the-hidden-neuroscience-of-leonardo-da-vinci.

人腦擁有為數眾多的神經元，高達八百六十億：Frederico A. C. Azevedo et al., "Equal Numbers of Neuronal and Nonneuronal Cells Make the Human Brain an Isometrically Scaled-Up Primate Brain," *Journal of Comparative Neurology* 513, no.5 (2009): 532–41.

人的複雜思維和其他人性特質，則是由整個大腦皮質負責，「僅」含一百七十億個神經元：Michael S. Gazzaniga, "Who Is in Charge?," *BioScience* 61, no.12 (2011): 937–38.

若拆解一個二十歲人士大腦中的所有白質，會發現這些微細絲的長度超過十萬英里：Lisbeth Marner et al., "Marked Loss of Myelinated Nerve Fibers in the Human Brain with Age," *Journal of Comparative Neurology* 462, no.2 (2003): 144–52, https://doi.org/10.1002/cne.10714.

自然演化究竟如何孕育出一個可儲存相當於一百萬 GB 資訊：Paul Reber, "What Is the Memory Capacity of the Human Brain?," *Scientific American Mind*, May 1, 2010, accessed July 1,2021, https://www.scientificamerican.com/article/what-is-the-memory-capacity/. See also Thomas Bartol Jr. et al., "Nanoconnectomic Upper Bound on the Variability of Synaptic Plasticity," *eLife* 4 (2015): https://elifesciences.org/articles/10778.

相當於四十七億本書："Human Brain Can Store 4.7 Billion Books— Ten Times More Than Originally Thought," *Telegraph*, January 21, 2016, accessed July 1, 2021, https://www.telegraph.co.uk/news/science/science-news/12114150/Human-brain-can-store-4.7-billion-books-ten-times-more-than-originally-thought.html.

僅需使用一顆十二瓦燈泡的能量：Sandra Aamodt and Sam *Wang, Welcome to Your Brain: Why You Lose Your Car Keys but Never Forget How to Drive and Other Puzzles of Everyday Behavior* (New York: Bloomsbury, 2009), 102. See also Ferris Jabr, "Does Thinking Really Hard Burn More Calories?,"

Scientific American, July 18, 2012, accessed July 1, 2021, https://www.scientificamerican.com/article/thinking-hard-calories/.

故事始於數百萬年前的非洲，兩名人類最早的靈長類祖先：Helen Fisher, *Anatomy of Love: A Natural History of Mating, Marriage, and Why We Stray*, rev. ed. (New York: W. W. Norton, 2017), 281.

英國人類學家鄧巴1990年代提出的社會腦假說：Robin Dunbar, "The Social Brain Hypothesis," *Evolutionary Anthropology: Issues, News, and Reviews* 6, no.5 (1998): 178–90.

大約七萬年前：欲知人類（以及大腦）如何演化，請參見 Yuval Noah Harari, *Sapiens: A Brief History of Humankind* (New York: Random House, 2014). 繁體中文增訂版《人類大歷史：從野獸到扮演上帝》，天下文化2022年出版。

額葉和顳葉、杏仁體等大腦的核心區域面積，與我們個人的社交網絡大小相關：Rebecca Von Der Heide, Govinda Vyas, and Ingrid R. Olson, "The Social Network-Network: Size Is Predicted by Brain Structure and Function in the Amygdala and Paralimbic Regions," *Social Cognitive and Affective Neuroscience* 9, no.12 (2014): 1962–72.

單獨養在水族箱裡的一隻魚……沙漠蝗蟲若隸屬於蝗蟲群：Stephanie Cacioppo and John T. Cacioppo, *Introduction to Social Neuroscience* (Princeton, NJ: Princeton University Press, 2020), 77–83.

社交痛苦也會活化那些對身體疼痛有反應的大腦區域：Stephanie Cacioppo et al., "A Quantitative Meta-analysis of Functional Imaging Studies of Social Rejection," *Scientific Reports* 3, no.1 (2013): 1–3.

比如前扣帶皮質：出處同上, 206.

表示自己有社交孤立感的人，他們大腦的關鍵社交區域裡，灰質和白質較少：Cacioppo and Cacioppo, *Introduction to Social Neuroscience*, 31–52.

笛卡兒在巴黎近郊的皇家花園看到水力發電的自動機械裝置，便認為人體運作方式類似這些裝置：Michael S. Gazzaniga, *The Consciousness Instinct: Unraveling the Mystery of How the Brain Makes the Mind* (New York: Farrar, Straus and Giroux, 2018), 26–27.

丹麥解剖學家斯坦諾宣稱「大腦是一臺機器」：Matthew Cobb, *The Idea of the Brain* (New York: Basic Books, 2020), 1–2.

第 2 章　愛情激素

七歲前的孩子有三分之二會創造想像的朋友，做為盟友：Marjorie Taylor et al., "The Characteristics and Correlates of Fantasy in School-Age Children: Imaginary Companions, Impersonation, and Social Understanding," *Developmental Psychology* 40, no.6 (2004): 1173–87.

與創意和想像力相關的皮質區域—— 緣上回，也具有較多灰質：Junyi Yang et al., "Only-Child and Non-Only-Child Exhibit Differences in Creativity and Agreeableness: Evidence from Behavioral and Anatomical Structural Studies," *Brain Imagining Behavior* 11, no.2 (2017): 493–502.

大腦前額葉皮質的灰質，有助於我們抵抗誘惑、延遲享樂：B. J. Casey et al., "Behavioral and Neural Correlates of Delay of Gratification 40 Years Later," *Proceedings of the National Academy of Sciences* 108, no.36 (2011): 14998–15003.

我們在看到潛在伴侶後，可在不到兩百毫秒的時間內，評估對方是否為合適的對象：Stephanie Cacioppo, "Neuroimaging of Love in the Twenty-First Century," in *The New Psychology of Love*, ed. R. J. Sternberg and K. Sternberg (Cambridge, UK: Cambridge University Press, 2019), 357–68.

容易喜歡外表相似者的傾向：Bruno Laeng, Oddrun Vermeer, and Unni Sulutvedt, "Is Beauty in the Face of the Beholder?," *PLoS One* 8, no.7 (2013): e68395.

人會傾向被氣味與自己不同的人吸引：Claus Wedekind et al., "MHC-Dependent Preferences in Humans," *Proceedings of the Royal Society of London B (Biological Sciences)* 260, no.1359 (1995): 245–49, https://royalsocietypublishing.org/doi/10.1098/rspb.1995.0087.

飽食的母蜘蛛對交配對象的接受度最高：Brain Moskalik and George W. Uetz, "Female Hunger State Affects Mate Choice of a Sexually Selected Trait in a Wolf Spider," *Animal Behaviour* 81, no.4 (2011): 715–22.

催產素升高亦可說明，為何有些人在戀愛時，會感覺食量變小：Elizabeth A. Lawson et al., "Oxytocin Reduces Caloric Intake in Men," *Obesity* 23, no.5 (2015): 950–56.

第 3 章　熾熱之情

我第一次在醫院見到瑚閣：Olaf Blanke and Stephanie Ortigue, *Lignes de fuite: Vers une neuropsychologie de la peinture* (Lausanne: PPUR Presses Polytechniques, 2011), 113–43.

空間忽略症候群：Olaf Blanke, Stephanie Ortigue, and Theodor Landis, "Colour Neglect in an Artist," *The Lancet* 361, no.9353 (2003): 264.

大腦自行重建連結的能力：關於神經可塑性概覽資訊，請參見Sharon Begley, Change Your Mind, *Change Your Brain: How a New Science Reveals Our Extraordinary Potential to Transform Ourselves* (New York: Ballantine, 2007); and Norman Dodge, *The Brain That Changes Itself: Stories of Personal Triumph from the Frontiers of Brain Science* (New York: Penguin, 2007). 其他兩本詳細介紹此主題的教科書為：Eric R. Kandel, James H. Schwartz, and Thomas M. Jessell, *Principles of Neural Science* (New York: McGraw-Hill, 2012); and John T. Cacioppo, Laura Freberg, and Stephanie Cacioppo, *Discovering Psychology: The Science of Mind* (Boston: Cengage, 2021).

第 4 章　戀愛機器

在我之前，僅有少數研究人員曾嘗試利用神經科學工具來研究愛情：這些研
究先驅首度進行了關於愛情的神經造影研究，其中包括 Andreas Bartels,
Semir Zeki, Helen Fisher, Arthur Aron, Lucy Brown, Debra Mashek, Greg
Strong, and Li Haifang.

申請專利時，我將我的發明稱為「檢測受試者特定認知與情緒狀態之系統與方
法」：Francesco Bianchi-Demicheli and Stephanie Ortigue, "System and Method
for Detecting a Specific Cognitive-Emotional State in a Subject," U.S. Patent
8,535,060, issued September 17, 2013.

此種演化反應主要透過神經科學家勒杜所謂的「低徑」：Joseph LeDoux, *The
Emotional Brain: The Mysterious Underpinnings of Emotional Life* (New
York: Simon & Schuster, 1998), 161–64.

「戰或逃反應」機制是一種前意識反應，發生在一眨眼之間，或大約一百毫
秒左右：Raymond J. Dolan and Patrick Vuilleumier, "Amygdala Automaticity
in Emotional Processing," *Annals of the New York Academy of Sciences* 985,
no.1 (2003): 348–55. See also Stephanie Ortigue et al., "Electrical Neuroimaging
Reveals Early Generator Modulation to Emotional Words," *Neuroimage* 21, no.4
(2004): 1242–51.

神經科學家阿道夫斯的病人 S.M.：Ralph Adolphs et al., "Impaired Recog-nition
of Emotion in Facial Expressions Following Bilateral Damage to the Human
Amygdala," *Nature* 372 (1994): 669–72. See also David Amaral and Ralph
Adolphs, eds., *Living Without an Amygdala* (New York: Guilford Publications,
2016).

我也對那些宣稱自己瘋狂深愛著伴侶的女性進行了戀愛機器實驗：Francesco
Bianchi-Demicheli, Scott T. Grafton, and Stephanie Ortigue, "The Power of Love
on the Human Brain," *Social Neuroscience* 1, no.2 (2006): 90–103.

我在她們進行戀愛機器測試時，使用功能性磁振造影，掃描她們的大腦：

Stephanie Ortigue et al., "The Neural Basis of Love as a Subliminal Prime: An Event-Related Functional Magnetic Resonance Imaging Study," *Journal of Cognitive Neuroscience* 19, no.7 (2007): 1218–30.

據推測，愛因斯坦之所以如此天才：Marian C. Diamond et al., "On the Brain of a Scientist: Albert Einstein," *Experimental Neurology* 88, no.1 (1985): 198–204.

角腦回不會因為快樂或驚喜等其他正向情緒而活化：Richard J. Davidson and William Irwin, "The Functional Neuroanatomy of Emotion and Affective Style," *Trends in Cognitive Sciences* 3, no.1 (1999): 11–21; and Kristen A. Lindquist et al., "The Brain Basis of Emotion: A Meta-analytic Review," *Behavioral and Brain Sciences* 35, no.3 (2012): 121.

愛似乎活化了十二個特定的腦部區域：Stephanie Cacioppo, "Neuroimaging of Love in the Twenty-First Century," in *The New Psychology of Love*, ed. R. J. Sternberg and K. Sternberg (Cambridge: Cambridge University Press, 2019): 332–44.

催產素和血管加壓素等激素受體也與同理心有關：Emiliana R. Simon-Thomas, et al., "An fMRI Study of Caring vs Self-Focus During Induced Compassion and Pride," *Social Cognitive and Affective Neuroscience* 7, no.6 (2012): 635–48. See also Matthieu Ricard, *Altruism: The Power of Compassion to Change Yourself and the World* (New York: Little, Brown, 2015).

浪漫愛情是普世文化：Elaine Hatfield and Richard L. Rapson, *Love and Sex: Cross-Cultural Perspectives* (Boston: Allyn & Bacon, 1996), 205.

第 5 章　心心相映

思辨可能模式：Richard E. Petty and John T. Cacioppo, "The Elaboration Likelihood Model of Persuasion," in *Communication and Persuasion* (New York: Springer, 1986), 1–24.

周邊路徑較情緒化，更易受直覺和外部因素與偏見的影響：Emeran A. Mayer, "Gut Feelings: The Emerging Biology of Gut-Brain Communication," *Nature Reviews Neuroscience* 12, no.8 (2011): 453–66.

暢銷書《快思慢想》：Daniel Kahneman, *Thinking, Fast and Slow* (New York: Farrar, Straus and Giroux, 2011). 繁體中文新版，由天下文化於2018年出版。

心理學可做為「樞紐學門」：John T. Cacioppo, Laura Freberg, and Stephanie Cacioppo, *Discovering Psychology: The Science of Mind* (Boston: Cengage, 2021), 70.

腦對腦曳引：Alejandro Pérez, Manuel Carreiras, and Jon Andoni Duñabeitia, "Brain-to-Brain Entrainment: EEG Interbrain Synchronization While Speaking and Listening," *Scientific Reports* 7, Article 4190 (2017). See also Jing Jiang et al., "Neural Synchronization During Face-to-Face Communication," *Journal of Neuroscience* 32, no.45 (2012): 16064–69.

兩人相互模仿對方的動作，玩起簡單的鏡像遊戲：John T. Cacioppo and Stephanie Cacioppo, "Decoding the Invisible Forces of Social Connections," *Frontiers in Integrative Neuroscience* 6 (2012): 51. See also David Dignath et al., "Imitation of Action-Effects Increases Social Affiliation," *Psychological Research* 85 (2021): 1922–33, https://link.springer.com/article/10.1007/s00426-020 -01378-1; and Rick B. van Baaren et al., "Mimicry and Prosocial Behavior," Psychological Science 15, no.1 (2004): 71–74.

鏡像神經元是1990年代初期，在義大利帕爾馬大學偶然發現的：Giacomo Rizzolatti and Corrado Sinigaglia, *Mirrors in the Brain: How Our Minds Share Actions and Emotions* (New York: Oxford University Press, 2008), 115.

人類鏡像神經元系統可瞬間下意識的理解他人的意圖：Stephanie Ortigue et al., "Understanding Actions of Others: The Electrodynamics of the Left and Right Hemispheres: A High-Density EEG Neuroimaging Study," *PLoS* One 5, no.8 (2010): e12160. See also Stephanie Ortigue et al., "Spatio-Temporal Dynamics of Human Intention Understanding in Temporo-Parietal Cortex: A Combined EEG/ fMRI Repetition Sup-pression Paradigm," *PLoS* One 4, no.9 (2009): e6962.

我邀請了經驗豐富的網球選手進入功能性磁振造影儀器：Stephanie Cacioppo et al., "Intention Understanding over T: A Neuroimaging Study on Shared Representations and Tennis Return Predictions," *Frontiers in Human Neuroscience* 8 (2014): 781.

第 6 章　愛慾之間

約有百分之一的人為無性戀者：Anthony F. Bogaert, "Asexuality: Prevalence and Associated Factors in a National Probability Sample," *Journal of Sex Research* 41, no.3 (2004): 279–87. See also Esther D. Rothblum et al., "Asexual and Non-asexual Respondents from a U.S. Population-Based Study of Sexual Minorities," *Archives of Sexual Behavior* 49 (2020): 757–67.

美國心理學家滕諾夫的戀愛偏好調查：Dorothy Tennov, *Love and Limerence: The Experience of Being in Love* (Lanham, MD: Scarborough House, 1998), 74.

美國退休人員協會針對兩千多名美國成年人，就他們對愛情和關係的看法進行全國代表性樣本調查：G. Oscar Anderson, "Love, Actually: A National Survey of Adults 18+ on Love, Relationships, and Romance," AARP, November 2009, https://www.aarp.org/relationships/love-sex/info-11–2009/love_09.html.

吳爾芙的婚姻與愛情：Quentin Bell, *Virginia Woolf: A Biography* (New York: Harcourt Brace Jovanovich, 1974), 185.

吳爾芙在五十九歲自殺時，留給了蘭諾一張便條：出處同上, 226.

作家坎伯所謂「活著的喜悅」：Joseph Campbell and Bill D. Moyers, *Joseph Campbell and the Power of Myth with Bill Moyers*, "Episode 2: The Message of Myth," New York: Mystic Fire Video, 2005.

我和研究團隊利用「可準確辨識受試者注視位置」的眼動追蹤研究：Mylene Bolmont, John T. Cacioppo, and Stephanie Cacioppo, "Love Is in the Gaze," *Psychological Science* 25, no.9 (2014): 1748–56.

耶魯醫學院的研究團隊在2020年發現了即時、直接的眼神接觸，會喚醒大腦愛情網絡中的核心腦部區域——角腦回：Swethasri Dravida et al., "Joint Attention During Live Person-to-Person Contact Activates rTPJ, Including a Sub-Component Associated with Spontaneous Eye-to-Eye Contact," *Frontiers in Human Neuroscience* 14 (2020): 201.

博喜得和哈特菲爾德的劃時代著作《人際吸引力》：Ellen Berscheid and Elaine Hatfield, *Interpersonal Attraction* (Reading, MA: Addison-Wesley, 1969).

人際關係心理學：Ellen Berscheid and Pamela C. Regan, *The Psychology of Interpersonal Relationships* (New York: Routledge, 2016). See also Sarah A. Meyers and Ellen Berscheid, "The Language of Love: The Difference a Preposition Makes," *Personality and Social Psychology Bulletin* 23, no.4 (1997): 347–62.

世界各地的文化演化研究：Elaine Hatfield, Richard L. Rapson, and Jeanette Purvis, *What's Next in Love and Sex: Psychological and Cultural Perspectives* (New York: Oxford University Press, 2020); Elaine Hatfield and Richard L. Rapson, *Love and Sex: Cross-Cultural Perspectives* (Boston: Allyn & Bacon, 1996); and Elaine Hatfield and G. William Walster, *A New Look at Love* (Lanham, MD: University Press of America, 1985).

愛和慾望可以分開體驗或共同體驗：Berscheid and Regan, *The Psychology of Interpersonal Relationships*. See also Cyrille Feybesse and Elaine Hatfield, "Passionate Love," in *The New Psychology of Love*, ed. R. J. Sternberg and K. Sternberg (Cambridge: Cambridge University Press, 2019), 183–207; Hatfield and Walster, *A New Look at Love*; and Lisa M. Diamond, "Emerging Perspectives on Distinctions Between Romantic Love and Sexual Desire," *Current Directions in Psychological Science* 13, no.3 (2004): 116–19.

外表的吸引力是愛上某人的關鍵要素：Berscheid and Regan, *The Psychology of Interpersonal Relationships*, 322–52, 373–74.

費雪得出了開創性的理論：Helen Fisher, *Anatomy of Love: A Natural History of Mating, Marriage, and Why We Stray*, rev. ed. (New York: W. W. Norton, 2017). See also Helen Fisher, "Lust, Attraction, and Attachment in Mammalian

Reproduction," *Human Nature* 9, no.1 (1998): 23–52; and Helen Fisher, "Anatomy of Love," Talks at Google, September 22, 2016, posted on December 7, 2016, https://www.youtube.com/watch?v=Wthc5hdzU1s.

腦島對自我意識至關重要：Arthur D. Craig, "How Do You Feel — Now? The Anterior Insula and Human Awareness," *Nature Reviews Neuroscience* 10, no.1 (2009). See also Richard J. Davidson and Sharon Begley, *The Emotional Life of Your Brain: How Its Unique Patterns Affect the Way You Think, Feel, and Live— and How You Can Change Them* (New York: Penguin, 2013), 318–24.

慾望並不會活化整個腦島：Stephanie Cacioppo, "Neuroimaging of Love in the Twenty-First Century," in The *New Psychology of Love*, ed. R. J. Sternberg and K. Sternberg (Cambridge: Cambridge University Press, 2019): 345–56.

背側紋狀體更易受到愛的感覺刺激：Bernard W. Balleine, Mauricio R. Delgado, and Okihide Hikosaka, "The Role of the Dorsal Striatum in Reward and Decision-Making," *Journal of Neuroscience 27*, no.31 (2007): 8161–65.

中風所導致的病變僅限於他的前腦島：Stephanie Cacioppo et al., "Selective Decision-Making Deficit in Love Following Damage to the Anterior Insula," *Current Trends in Neurology* 7 (2013): 15.

絕大部分的人認為理想的愛情是「與伴侶擁有忠實的婚姻生活」：Emily A. Stone, Aaron T. Goetz, and Todd K. Shackelford, "Sex Differences and Similarities in Preferred Mating Arrangements," *Sexualities, Evolution & Gender* 7, no.3 (2005): 269–76.

三分之一的美國人不是毫無性慾，就是性慾低落：Raymond C. Rosen, "Prevalence and Risk Factors of Sexual Dysfunction in Men and Women," *Current Psychiatry Reports* 2, no.3 (2000): 189–95.

健康的愛情生活在文化上，也被視為「婚姻幸福」的象徵：Sinikka Elliott and Debra Umberson, "The Performance of Desire: Gender and Sexual Negotiation in Long-Term Marriage," *Journal of Marriage and Family* 70, no.2 (2008): 391–406.

神經科學家莫里森強調，後腦島位於緩衝壓力的大腦迴路中：India Morrison, "Keep Calm and Cuddle On: Social Touch as a Stress Buffer," *Adaptive Human Behavior and Physiology*, no.2 (2016): 344–62.

第 7 章　花都盟誓

遠距離關係中的情侶或夫婦，相較於天天見面的伴侶，擁有更有意義的互動：L. Crystal Jiang and Jeffrey T. Hancock, "Absence Makes the Communication Grow Fonder: Geographic Separation, Interpersonal Media, and Intimacy in Dating Relationships," *Journal of Communication* 63, no.3 (2013): 556–77.

我們也在社會性動物中，看到距離刷新關係的力量，甚至在大象身上都觀察得到：Ellen Williams et al., "Social Interactions in Zoo-Housed Elephants: Factors Affecting Social Relationships," *Animals* 9, no.10 (2019): 747. See also "Elephant Emotions," *Nature*, October 14, 2008, accessed July 1,2021, https://www.pbs.org/wnet/nature/unforgettable-elephants-elephant-emotions/5886/#.

耶魯大學心理學家魯特萊奇和同事共同進行的決策遊戲實驗：Robb B. Rutledge et al., "A Computational and Neural Model of Happiness," *Proceedings of the National Academy of Sciences* 111, no.33 (2014): 12252–57. See also Bastien Blain and Robb B. Rutledge, "Momentary Subjective Well-Being Depends on Learning and Not Reward," *eLife* 9, e57977, https://elifesciences.org/articles/57977.

當他們開始期待這種犧牲時，感激之情就會大大減少：Giulia Zoppolat, Mariko L. Visserman, and Francesca Righetti, "A Nice Surprise: Sacrifice Expectations and Partner Appreciation in Romantic Relationships," *Journal of Social and Personal Relationships* 37, no.2 (2020): 450–66.

前額葉皮質一直被認為是神祕難解的腦部區域：Sara M. Szczepanski and Robert T. Knight, "Insights into Human Behavior from Lesions to the Prefrontal Cortex," Neuron 83, no.5 (2014): 1002–18.

前額葉皮質……有助於促進各種心理功能，像是……情緒調節：Richard J. Davidson and Sharon Begley, *The Emotional Life of Your Brain: How Its Unique Patterns Affect the Way You Think, Feel, and Live— and How You Can Change Them* (New York: Penguin, 2013), 43. See also Kevin N. Ochsner, Jennifer A. Silvers, and Jason T. Buhle, "Functional Imaging Studies of Emotion Regulation: A Synthetic Review and Evolving Model of the Cognitive Control of Emotion," *Annals of the New York Academy of Sciences* 1251 (2012): E1; and James J. Gross, ed., *Handbook of Emotion Regulation* (New York: Guilford, 2013).

前額葉皮質幫助我們明辨是非、控制和壓抑衝動：Michael S. Gazzaniga, Richard B. Ivry, and G. R. Mangun, *Cognitive Neuroscience: The Biology of the Mind* (New York: W. W. Norton, 2014), 515–65.

前額葉皮質幫助我們在低潮中看見一線曙光：Ochsner, Silvers, and Buhle, "Functional Imaging Studies of Emotion Regulation."

人類的前額葉皮質一直要到二十五歲左右，才發育完全：Mariam Arain et al., "Maturation of the Adolescent Brain," *Neuropsychiatric Disease and Treatment*, no.9 (2013): 449.

果真關閉前額葉皮質的話，人將完全受到衝動支配。我們會失控，無法調節情緒：Gazzaniga, Ivry, and Mangun, *Cognitive Neuroscience*, 468–73. See also Richard J. Davidson, Katherine M. Putnam, and Christine L. Larson, "Dysfunction in the Neural Circuitry of Emotion Regulation— a Possible Prelude to Violence," *Science* 289, no.5479 (2000): 591–94; Antoine Bechara, Hanna Damasio, and Antonio R. Damasio, "Emotion, Decision Making and the Orbitofrontal Cortex," *Cerebral Cortex* 10, no.3 (2000): 295–307; and Antoine Bechara, "The Role of Emotion in Decision-Making: Evidence from Neurological Patients with Orbitofrontal Damage," *Brain and Cognition* 55, no.1 (2004): 30–40.

無法管理內心痛苦：Wei-Yi Ong, Christian S. Stohler, and Deron R. Herr, "Role of the Prefrontal Cortex in Pain Processing," *Molecular Neurobiology* 56, no.2 (2019): 1137–66.

更像患有病變、腫瘤或疾病而影響前額葉皮質前端（又稱額葉眼眶面皮質）的病人：Anat Perry et al., "The Role of the Orbitofrontal Cortex in Regulation of Interpersonal Space: Evidence from Frontal Lesion and Frontotemporal Dementia Patients," *Social Cognitive and Affective Neuroscience* 11, no.12 (2016): 1894–901.

鐵路工人蓋吉左側的額葉眼眶面皮質嚴重受損：John Darrell Van Horn et al., "Mapping Connectivity Damage in the Case of Phineas Gage," *PLoS* One 7, no.5 (2012): e37454.

「精力充沛且努力不懈執行所有計畫」：John M. Harlow, "Passage of an Iron Rod Through the Head," *Boston Medical and Surgical Journal* 39, no.20 (1848): 277.

蓋吉性情大變，朋友都說他根本「不再是蓋吉」了：Kieran O'Driscoll and John Paul Leach, " 'No Longer Gage' : An Iron Bar Through the Head: Early Observations of Personality Change After Injury to the Prefrontal Cortex," *BMJ* 317, no.7174 (1998): 1673–74, doi:10.1136/bmj.317.7174.1673a.

法國神經學家萊爾米特，在1980年代曾遇到一位額葉長了大顆腫瘤的病人：François Lhermitte, "Human Autonomy and the Frontal Lobes. Part II: Patient Behavior in Complex and Social Situations: The 'Environmental Dependency Syndrome,' " *Annals of Neurology* 19, no.4 (1986): 336.

美國神經學家奈特博士曾要求前額葉皮質受損的病人閱讀下列故事，看看他們能否辨識當中的失禮之處：Valerie E. Stone, Simon Baron-Cohen, and Robert T. Knight, "Frontal Lobe Contributions to Theory of Mind," *Journal of Cognitive Neuroscience* 10, no.5 (1998): 640–56.

反芻思考：Aaron Kucyi et al., "Enhanced Medial Prefrontal-Default Mode Network Functional Connectivity in Chronic Pain and Its Association with Pain Rumination," *Journal of Neuroscience 34*, no.11 (2014):3969–75. See also Camille Piguet et al., "Neural Substrates of Rumination Tendency in Non-Depressed Individuals," *Biological Psychology* 103 (2014): 195–202.

過度驅使前額葉皮質絕非好事：Davidson, Putnam, and Larson, "Dysfunction in the Neural Circuitry of Emotion Regulation"：591–94.

神經科學家使用穿顱磁刺激……發現受試者的認知能力增強了：Marc Palaus et al., "Cognitive Enhancement via Neuromodulation and Video Games: Synergistic Effects?," *Frontiers in Human Neuroscience* 14 (2020): 235. See also Gazzaniga, Ivry, and Mangun, *Cognitive Neuroscience*, 536–37.

前額葉皮質受到適當控制時，人不僅更有創意，心情也會更好。研究指出我們反芻思考得愈少，主觀認知上的生活滿意度和幸福感就愈高：Cortland J. Dahl, Christine J. Wilson-Mendenhall, and Richard J. Davidson, "The Plasticity of Well-Being: A Training-Based Framework for the Cultivation of Human Flourishing," *Proceedings of the National Academy of Sciences* 117, no.51 (2020): 32197–206, https://doi.org/10.1073/pnas.2014859117.SeealsoJaleEldeleklio lu, "Predictive Effects of Subjective Happiness, Forgiveness, and Rumination on Life Satisfaction," *Social Behavior and Personality* 43, no.9 (2015): 1563–74; and Tamlin S. Conner and Paul J. Silvia, "Creative Days: A Daily Diary Study of Emotion, Personality, and Everyday Creativity," *Psychology of Aesthetics, Creativity, and the Arts* 9, no.4 (2015): 463.

戴維森實驗室使用腦電圖和功能性磁振造影，來研究西藏僧侶和其他冥想練習者的大腦：Davidson and Begley, *The Emotional Life of Your Brain*; Dahl, Wilson-Mendenhall, and Davidson, "The Plasticity of Well-Being," 32197–206. See also Nagesh Adluru et al., "BrainAGE and Regional Volumetric Analysis of a Buddhist Monk: A Longitudinal MRI Case Study," *Neurocase* 26, no.2 (2020): 79–90; and Richard J. Davidson and Antoine Lutz, "Buddha's Brain: Neuroplasticity and Meditation," *IEEE Signal Processing Magazine* 25, no.1 (2008): 176–74.

訓練有素的修行者（終生練習超過九千小時）可有效控制負面的思維過程：Tammi Kral et al., "Impact of Short-and Long-Term Mindfulness Meditation Training on Amygdala Reactivity to Emotional Stimuli," *Neuroimage* 181 (2018): 301–13.

訓練有素的修行者，可調控含前額葉皮質在內的各個腦部區域的活化程度：
Davidson and Begley, *The Emotional Life of Your Brain*, 744–841. See also
Davidson and Lutz, "Buddha's Brain," 176–74; and Antoine Lutz et al., "Long-
Term Meditators Self-Induce High-Amplitude Gamma Synchrony During Mental
Practice," *Proceedings of the National Academy of Sciences* 101, no.46
(2004): 16369–73.

前額葉皮質「絕對是情緒調控的關鍵，因為此處是思想和感受的輻合地帶」：
"The Heart-Brain Connection: The Neuroscience of Social, Emotional, and
Academic Learning," YouTube, https://www.youtube.com/watch?v=o9fVvsR-
CqM.

從這些技巧中獲益的，可不僅有受過多年冥想訓練的高僧：Davidson and Begley,
The Emotional Life of Your Brain, 754.

左側前額葉皮質則專門處理正面情緒：出處同上, 158–60.

正念練習的應用程式，範例可參考下列出處：Dahl, Wilson-Mendenhall, and
Davidson, "The Plasticity of Well-Being," 32197–206. 該應用程式完全免費，
讀者可透過下列網址造訪參考：tryhealthyminds.org.

在自然環境中健行九十分鐘的受試者，其促進反芻思考的前額葉皮質神經活
動減少了：Gregory N. Bratman et al., "Nature Experience Reduces Rumination
and Subgenual Prefrontal Cortex Activation," *Proceedings of the National
Academy of Sciences* 112, no.28 (2015): 8567–72. 更多關於大自然的健康益
處的資訊，請參見Florence Williams, *The Nature Fix: Why Nature Makes
Us Happier, Healthier, and More Creative* (New York: W. W. Norton, 2017).

第 8 章　一加一大於二

魯本・托萊多在滿室哀傷流淚的友人面前，唸出給妻子的訣別書：Sally Singer,
"Ruben Toledo Remembers His Beloved Late Wife, Designer Isabel Toledo,"
Vogue.com, December 17, 2019, accessed July 1, 2021, https://www. vogue.com/
article/isabel-toledo-memorial.

根據研究人員發現的證據，愛能促進創造力：Allan Schore and Terry Marks-Tarlow, "How Love Opens Creativity, Play and the Arts Through Early Right Brain Development," in *Play and Creativity in Psychotherapy*, Norton Series on Interpersonal Neurobiology, ed. Terry Marks-Tarlow, Marion Solomon, and Daniel J. Siegel (New York: W. W. Norton, 2017), 64–91.

愛能提升創意發想與動機綜效的創新成效：Jen-Shou Yang and Ha Viet Hung, "Emotions as Constraining and Facilitating Factors for Creativity: Companionate Love and Anger," *Creativity and Innovation Management* 24, no.2 (2015): 217–30; and Nel M. Mostert, "Diversity of the Mind as the Key to Successful Creativity at Unilever," *Creativity and Innovation Management* 16, no.1 (2007): 93–100.

催產素有助於提高創作表現：Carsten K. W. De Dreu, Matthijs Baas, and Nathalie C. Boot, "Oxytocin Enables Novelty Seeking and Creative Performance Through Upregulated Approach: Evidence and Avenues for Future Research," *Wiley Interdisciplinary Reviews: Cognitive Science* 6, no.5 (2015): 409–17.

愛的促發有助於人應對與關係無關的智識挑戰：Jens Förster, Kai Epstude, and Amina Özelsel, "Why Love Has Wings and Sex Has Not: How Reminders of Love and Sex Influence Creative and Analytic Thinking," *Personality and Social Psychology Bulletin* 35, no.11 (2009): 1479–91.

研究指出，戀愛中的人自認愛得愈深，便感覺自己愈有創意：Kelly Campbell and James Kaufman, "Do You Pursue Your Heart or Your Art? Creativity, Personality, and Love," *Journal of Family Issues* 38, no.3 (2017): 287–311.

我進行了一系列的實驗，比較了戀愛中的人對於陌生人和其伴侶行為的預測能力：Stephanie Ortigue and Francesco Bianchi-Demicheli, "Why Is Your Spouse So Predictable? Connecting Mirror Neuron System and Self-Expansion Model of Love," *Medical Hypotheses* 71, no.6 (2008): 941–44. See also Stephanie Ortigue et al., "Implicit Priming of Embodied Cognition on Human Motor Intention Understanding in Dyads in Love," *Journal of Social and Personal Relationships* 27, no.7 (2010): 1001–15; and Stephanie Cacioppo, Mylene Bolmont, and George Monteleone, "Spatio-Temporal Dynamics of the Mirror Neuron System During Social Intentions," *Social Neuroscience* 13, no.6 (2018): 718–38.

被要求先想愛人的研究對象，在評估陌生人心理狀態時，表現更好：Rafael Wlodarski and Robin I. M. Dunbar, "The Effects of Romantic Love on Mentalizing Abilities," *Review of General Psychology* 18, no.4 (2014): 313–21.

心理學家所謂「自我拓展」：Arthur Aron and Elaine N. Aron, "Self-Expansion Motivation and Including Other in the Self," in *Handbook of Personal Relationships: Theory, Research and Interventions*, ed. Steve Duck (New York: John Wiley & Sons, 1997), 251–70.

你與非你之間那超越皮相的界線，便已開始鬆動，並且更容易被滲透影響：Barbara L. Fredrickson, *Love 2.0: Finding Happiness and Health in Moments of Connection* (New York: Penguin, 2013), 49.

愛因斯坦寫信給妻子梅麗奇：*Albert Einstein, Mileva Marić: The Love Letters*, ed. Jürgen Renn, Robert J. Schulmann, and Shawn Smith (Princeton, NJ: Princeton University Press, 1992), 23.

當我們刺激角腦回時，部分病人會經歷所謂的「靈魂出竅」：Olaf Blanke et al., "Stimulating Illusory Own-Body Perceptions," *Nature* 419, no.6904 (2002): 269–70.

戀愛中的人感覺自己和伴侶的自我重疊程度愈高，我們觀察到的角腦回活動就愈活躍：Stephanie Ortigue et al., "The Neural Basis of Love as a Subliminal Prime: An Event-Related Functional Magnetic Resonance Imaging Study," *Journal of Cognitive Neuroscience* 19, no.7 (2007): 1218–30.

第9章　休戚與共，對抗孤獨

愈來愈多社會神經科學和其他領域的研究顯示，愛確實會使人強壯：love literally makes us stronger: Ellen S. Berscheid and Pamela C. Regan, *The Psychology of Interpersonal Relationships* (New York: Routledge, 2016), 31–62. See also Stephanie Cacioppo and John T. Cacioppo, *Introduction to Social Neuroscience* (Princeton, NJ: Princeton University Press, 2020), 21–53.

長期處於滿意、健康關係中的人，比起單身人士，睡眠品質更好，擁有較好的免疫功能：Stephanie Cacioppo and John T. Cacioppo, *Social Neuroscience*, 22–23.

已婚病人在手術十五年後的存活率，是接受相同手術的單身病人的二點五倍：Kathleen B. King and Harry T. Reis, "Marriage and Long-Term Survival After Coronary Artery Bypass Grafting," *Health Psychology* 31, no.1 (2012): 55.

婚姻關係的品質和滿意度愈高，顯示的生命徵象就愈好：Kathleen B. King et al., "Social Support and Long-Term Recovery from Coronary Artery Surgery: Effects on Patients and Spouses," *Health Psychology* 12, no.1 (1993): 56.

臨床心理學家凱寇格拉瑟在受試夫妻手臂上創造了小水泡傷口：Jean-Philippe Gouin and Janice K. Kiecolt-Glaser, "The Impact of Psychological Stress on Wound Healing: Methods and Mechanisms," *Critical Care Nursing Clinics of North America* 24, no.2 (2012): 201–13.

自認更多正向互動的夫婦，不僅傷口癒合得更快，血液中天然的催產素含量也更高：Jean-Philippe Gouin et al., "Marital Behavior, Oxytocin, Vasopressin, and Wound Healing," *Psychoneuroendocrinology* 35, no.7 (2010): 1082–90.

握著伴侶的手的人，感受到的疼痛明顯較低：James A. Coan, Hillary S. Schaefer, and Richard J. Davidson, "Lending a Hand: Social Regulation of the Neural Response to Threat," *Psychological Science* 17, no.12 (2006): 1032–39.

社會關係有助於身體的自主神經系統降低壓力反應：A. Courtney DeVries, Erica R. Glasper, and Courtney E. Detillion, "Social Modulation of Stress Responses," *Physiology & Behavior* 79, no.3 (2003): 399–407.

社會剝奪狀態有害身心：孤獨感概覽資訊，請參見 John T. Cacioppo and William Patrick, *Loneliness: Human Nature and the Need for Social Connection* (New York: W. W. Norton, 2008).

孤獨使人早逝的機率提高了百分之二十五至三十：Julianne Holt-Lunstad et al., "Loneliness and Social Isolation as Risk Factors for Mortality: A Meta-Analytic Review," *Perspectives on Psychological Science* 10, no.2 (2015): 227–37.

美國都約有百分之二十的人口（相當於六千萬人）表示自己感到十分孤獨：
Cacioppo and Patrick, *Loneliness*, 18.

慢性孤獨會加速老化，讓人體內充滿了壓力荷爾蒙：John T. Cacioppo and
Stephanie Cacioppo, "The Growing Problem of Loneliness," *The Lancet* 391,
no.10119 (2018): 426. See also John T. Cacioppo and Stephanie Cacioppo,
"Loneliness in the Modern Age: An Evolutionary Theory of Loneliness (ETL),"
Advances in Experimental Social Psychology 58 (2018): 127–97; and Stephanie
Cacioppo, John P. Capitanio, and John T. Cacioppo, "Toward a Neurology of
Loneliness," *Psychological Bulletin* 140, no.6 (2014): 1464.

人們大大低估了與陌生人交談，所帶來的意義與快樂：Nicholas Epley and
Juliana Schroeder, "Mistakenly Seeking Solitude," *Journal of Experimental
Psychology: General* 143, no.5 (2014): 1980.

每天試著寫下自己心懷感恩的五件事：Tara Lomas et al., "Gratitude Interventions,"
in *The Wiley Blackwell Handbook of Positive Psychological Interventions*
(New York: John Wiley & Sons, 2014), 3–19.

藉由培養如此的「微小瞬間」，藉機一步步敞開自我：Barbara L. Fredrickson,
Love 2.0: Finding Happiness and Health in Moments of Connection (New
York: Penguin, 2013), 75.

利他：Matthieu Ricard, *Altruism: The Power of Compassion to Change Yourself
and the World* (New York: Little, Brown, 2015).

每週從事志工服務超過兩個小時，有助於喪偶婦女的孤獨感降低：Dawn C.
Carr et al., "Does Becoming a Volunteer Attenuate Loneliness Among Recently
Widowed Older Adults?," *Journals of Gerontology: Series B* 73, no.3 (2018):
501–10.

光是想到「孤獨的好處」時，此種感覺就會明顯減少：Micaela Rodriguez,
Benjamin W. Bellet, and Richard J. McNally, "Reframing Time Spent Alone:
Reappraisal Buffers the Emotional Effects of Isolation," *Cognitive Therapy and
Research* 44, no.6 (2020): 1052–67.

與他人分享好消息和共享美好時光，有助於增加正向情緒，並減少孤獨感：
Shelly L. Gable and Harry T. Reis, "Good News! Capitalizing on Positive Events
in an Interpersonal Context," *Advances in Experimental Social Psychology* 42
(2010): 195–257. See also Ariela F. Pagani et al., "If You Shared My Happiness,
You Are Part of Me: Capitalization and the Experience of Couple Identity,"
Personality and Social Psychology Bulletin 46, no.2 (2020): 258–69; and
Brett J. Peters, Harry T. Reis, and Shelly L. Gable, "Making the Good Even
Better: A Review and Theoretical Model of Interpersonal Capitalization," *Social
and Personality Psychology Compass* 12, no.7 (2018): e12407.

第 10 章　時間的考驗

心理學家卡斯滕森的「社會情緒選擇」理論：Laura L. Carstensen, Derek M.
Isaacowitz, and Susan T. Charles, "Taking Time Seriously: A Theory of Socioemotional
Selectivity," *American Psychologist* 54, no.3 (1999): 165. See also Wonjun Choi et
al., " 'We're a Family and That Gives Me Joy' : Exploring Interpersonal Relationships
in Older Women's Softball Using Socio-emotional Selectivity Theory," *Leisure
Sciences* (2018): 1–18, doi:10.1080/01490400.2018.1499056.

年長者記住的正面影像遠多過負面或中性的影像：Quinn Kennedy, Mara Mather,
and Laura L. Carstensen, "The Role of Motivation in the Age-Related Positivity
Effect in Autobiographical Memory," *Psychological Science* 15, no.3 (2004):
208–14. See also Andrew E. Reed and Laura L. Carstensen, "The Theory Behind
the Age-Related Positivity Effect," *Frontiers in Psychology* 3 (2012): 339; and
Susan Turk Charles, Mara Mather, and Laura L. Carstensen, "Aging and Emotional
Memory: The Forgettable Nature of Negative Images for Older Adults," *Journal
of Experimental Psychology: General* 132, no.2 (2003): 310.

美國半數的婚姻會以離婚告終，但隨著結婚的人愈來愈少，而且多半晚婚，
離婚率隨之下降至百分之三十九左右：Belinda Luscombe, "The Divorce Rate
Is Dropping: That May Not Actually Be Good News," *Time.com*, November
26, 2018, accessed July 1, 2021, https://time.com/5434949/divorce-rate-children
-marriage-benefits/.

史丹佛社會學家羅森菲爾德，持續追蹤同性戀和異性戀未婚情侶的分手率：
Roberto A. Ferdman, "How the Chance of Breaking Up Changes the Longer
Your Relationship Lasts," *Washington Post*, March 18, 2016, accessed July 1,
2021, https://www.washingtonpost.com/news/wonk/wp/2016/03/18/how-the-
likelihood-of-breaking-up-changes-as-time-goes-by/; and Michael J. Rosenfeld,
"Couple Longevity in the Era of Same-Sex Marriage in the United States,"
Journal of Marriage and Family 76, no.5 (2014): 905–18.

兩種造成分手的主導因素中，缺乏社交報償對於關係的存亡，更具決定性的
影響：Yoobin Park et al., "Lack of Intimacy Prospectively Predicts Breakup,"
Social Psychological and Personality Science 12, no.4 (2021): 442–51.

生物人類學家費雪教授分析了各個文化的離婚率，發現情侶在第四年的分手率
出現高峰：Helen Fisher, "Evolution of Human Serial Pair Bonding," *American
Journal of Physical Anthropology* 78, no.3 (1989): 331–54.

無論這些夫婦的年齡或婚前是否同居，多數新婚夫婦短時間內的心情和個
性，都經歷了顯著的變化：Justin A. Lavner et al., "Personality Change Among
Newlyweds: Patterns, Predictors, and Associations with Marital Satisfaction over
Time," *Developmental Psychology* 54, no.6 (2018): 1172.

以大腦而言，自我是流動的，沒有固定的自我：Hazel Markus and Paula Nurius,
"Possible Selves," *American Psychologist* 41, no.9 (1986): 954–69. See also
William James, "The Consciousness of Self," chap. 10 in *The Principles of
Psychology*, vol. 1 (New York: Henry Holt, 1890).

前額葉皮質傳達的是表象的自我：Michael S. Gazzaniga, Richard B. Ivry, and G.
R. Mangun, *Cognitive Neuroscience: The Biology of the Mind* (New York: W.
W. Norton, 2014), 573–78.

2017年《紐約時報》的「現代愛情」週年紀念特刊：Stephen Heyman, "Hard-
Wired for Love," *New York Times*, November 17, 2017, accessed July 1, 2021,
https://www.nytimes.com/2017/11/08/style/modern-love-neuroscience.html.

艾倫夫婦著名的社會心理實驗：Arthur Aron et al., "The Experimental Generation of Interpersonal Closeness: A Procedure and Some Preliminary Findings," *Personality and Social Psychology Bulletin* 23, no.4 (1997): 363–77.

愛情並未降臨在我們身上，我們相愛是因為兩人做的選擇：Mandy Len Catron, "To Fall in Love with Anyone, Do This," *New York Times*, January 11, 2015, accessed July 1, 2021, https://www.nytimes.com/2015/01/11/style/modern-love-to-fall-in-love-with-anyone-do-this.html.

親密關係中的自我揭露程度愈高，對關係的滿意度也會增加：Roy F. Baumeister, "Passion, Intimacy, and Time: Passionate Love as a Function of Change in Intimacy," *Personality and Social Psychology Review* 3, no.1 (1999): 49–67; and Stephanie Cacioppo et al., "Social Neuroscience of Love," *Clinical Neuropsychiatry* 9, no.1 (2012): 9–13.

孤獨感與關係中肢體接觸的品質並無關聯，但卻與缺乏自我揭露存在強烈關聯：Marcus Mund et al., "Loneliness Is Associated with the Subjective Evaluation of but Not Daily Dynamics in Partner Relationships," *International Journal of Behavioral Development* (2020), doi:10.1177/0165025420951246. See also Marcus Mund, "The Stability and Change of Loneliness Across the Life Span: A Meta-Analysis of Longitudinal Studies," *Personality and Social Psychology Review* 24, no.1 (2020): 24–52.

當她們想到分手的伴侶時，受到觸發的腦部區域與我們哀慟去世親人時所觸發的區域相同：Arif Najib et al., "Regional Brain Activity in Women Grieving a Romantic Relationship Breakup," *American Journal of Psychiatry* 161, no.12 (2004): 2245–26.

黛莎說「我不僅心碎，還為自己無法重新振作而感到羞愧，我不曉得該如何放下這段關係」："Dessa: Can We Choose to Fall Out of Love?," filmed in June 2018 in Hong Kong, TED video, 11:31, https://www.ted.com/talks/dessa_can_we_choose_to_fall_out_of_love_feb_2019. 關於黛莎更多神經科學領域的探索資訊，請參見她的回憶錄：*My Own Devices: True Stories from the Road on Music, Science, and Senseless Love* (New York: Dutton, 2019).

第 11 章　痛失摯愛

約翰·卡喬波的追思會："Professor John T. Cacioppo Memorial," YouTube video, 56:17, posted by UChicago Social Sciences, May 7, 2018, https://www.youtube.com/watch?v=Fc2uEzTptxo.

第 12 章　如何走出悲傷深淵

影片中，約翰提及一項他關於孤獨的縱貫研究：John T. Cacioppo, "Overcoming Isolation | AARP Foundation," YouTube video, 1:16, posted by AARP-Foundation, February 25, 2013, https://www.youtube.com/watch?v=xBWGdQ_lx_A.

痛失所愛之後的二十四小時內，心臟病發的風險比正常人高出二十一倍至二十八倍：Elizabeth Mostofsky et al., "Risk of Acute Myocardial Infarction After the Death of a Significant Person in One's Life: The Determinants of Myocardial Infarction Onset Study," *Circulation* 125, no.3 (2012): 491–96.

心碎症候群：Matthew N. Peters, Praveen George, and Anand M. Irimpen, "The Broken Heart Syndrome: Takotsubo Cardiomyopathy," *Trends in Cardiovascular Medicine* 25, no.4 (2015): 351–57.

喪偶後六個月內的死亡風險，比同年齡的已婚人士高出了百分之四十：C. Murray Parkes, Bernard Benjamin, and Roy G. Fitzgerald, "Broken Heart: A Statistical Study of Increased Mortality Among Widowers," *British Medical Journal* 1, no.5646 (1969): 740–43.

失去另一半的人在極度悲傷的時期結束後許久，罹患心血管疾病、糖尿病和癌症的風險會升高：M. Katherine Shear, "Complicated Grief," *New England Journal of Medicine* 372, no.2 (2015): 153–60.

悲傷不僅有害身體，還會折磨我們的大腦：Lisa M. Shulman, *Before and After Loss: A Neurologist's Perspective on Loss, Grief, and Our Brain* (Baltimore: Johns Hopkins University Press, 2018), 53–64.

人在悲傷時，往往無法好好思考，因為此時大腦的警報中心「杏仁體」會過度活躍：Manuel Fernández-Alcántara et al., "In-creased Amygdala Activations During the Emotional Experience of Death-Related Pictures in Complicated Grief: An fMRI Study," *Journal of Clinical Medicine* 9, no.3 (2020): 851.

負責「調節和計劃」的前額葉皮質則活動不足，這便是為何人在悲傷時難以完成簡單的任務：Brian Arizmendi, Alfred W. Kaszniak, and Mary-Frances O'Connor, "Disrupted Prefrontal Activity During Emotion Processing in Complicated Grief: An fMRI Investigation," *Neuroimage* 124 (2016): 968–76.

大約有百分之十的人，一年後仍走不出傷痛，他們陷入了心理學家所謂的複雜性悲傷：Amy Paturel, "The Traumatic Loss of a Loved One Is Like Experiencing a Brain Injury," *Discover*, August 7, 2020, accessed July 20, 2021, https://www.discovermagazine.com/mind/the-traumatic-loss-of-a-loved-one-is-like-experiencing-a-brain-injury. See also Shulman, *Before and After Loss*.

深陷複雜性悲傷的受試者腦中，由多巴胺驅動的報償系統的某區域「依核」受到刺激而活化，但一般悲傷的人卻沒有反應：Mary-Frances O'Connor et al., "Craving Love? Enduring Grief Activates Brain's Reward Center," *Neuroimage* 42, no.2 (2008): 969–72.

比起實際獲得報償，依核對預期獲得報償，較為敏感：Brian Knutson et al., "Anticipation of Increasing Monetary Reward Selectively Recruits Nucleus Accumbens," *Journal of Neuroscience* 21, no.16 (2001): RC159.

部分研究人員如今已確立了複雜性悲傷與創傷性腦傷之間的關聯：Shulman, *Before and After Loss*, 83–104.

多項眼動追蹤研究指出，較常反覆思索自己失去所愛的人，往往更容易避免去想念逝去的親人：Maarten C. Eisma et al., "Is Rumination After Bereavement Linked with Loss Avoidance? Evidence from Eye-Tracking," *PLoS One* 9, no.8 (2014): e104980. 關於悲傷完整的科學研究，請參見Mary-Frances O'Connor, "Grief: A Brief History of Research on How Body, Mind, and Brain Adapt," *Psychosomatic Medicine 81*, no.8 (2019): 731.

刺耳的負面警報干擾並淹沒了理性的前額葉皮質，使前額葉皮質無法發出抑制訊號，幫助杏仁體冷靜：Richard J. Davidson and Sharon Begley, *The Emotional Life of Your Brain: How Its Unique Patterns Affect the Way You Think, Feel, and Live — and How You Can Change Them* (New York: Penguin, 2013), 285–95.

變動比例制的操作制約：John T. Cacioppo, Laura Freberg, and Stephanie Cacioppo, *Discovering Psychology: The Science of Mind* (Boston: Cengage, 2021), 310.

1941年，費曼和阿琳小倆口，從曼哈頓坐渡輪前往史坦頓島：James Gleick, *Genius: The Life and Science of Richard Feynman* (New York: Pantheon, 1992), 151.

費曼敞開心扉，傾訴阿琳對他的意義，形容阿琳是「女軍師」：Richard P. Feynman to Arline Greenbaum, October 17, 1946, in *Perfectly Reasonable Deviations from the Beaten Track: The Letters of Richard P. Feynman, ed. Michelle Feynman* (New York: Basic Books, 2005), 68–69, 中文版《費曼手札：不休止的鼓聲》，天下文化2005年出版。https://lettersofnote.com/2012/02/15/i-love-my-wife-my-wife-is-dead, accessed July 20, 2021.

當我們發出聲音、表達自己的痛苦，在感到痛時，大喊「噢！」，其實能夠承受更多痛苦：Genevieve Swee and Annett Schirmer, "On the Importance of Being Vocal: Saying 'Ow' Improves Pain Tolerance," *Journal of Pain* 16, no.4 (2015): 326–34.

結語　成為更好的伴侶，成為更好的自己

神經學家修曼指出，認知行為治療是「人透過創造新的心智連結，來減少情緒負擔」：Lisa M. Shulman, *Before and After Loss: A Neurologist's Perspective on Loss, Grief, and Our Brain* (Baltimore: Johns Hopkins University Press, 2018), 36.

與他人分享正面消息對人際健康的好處：Harry T. Reis et al., "Are You Happy for Me? How Sharing Positive Events with Others Provides Personal and Interpersonal Benefits," *Journal of Personality and Social Psychology* 99, no.2 (2010): 311.

席琳‧狄翁說：「我沐浴在愛中。愛不見得要再婚 ⋯⋯ 」：Catherine Thorbecke and Faryn Shiro, "3 Years After Her Husband's Death, Celine Dion Shares Advice to Overcome Loss: 'You Cannot Stop Living,' " *GoodMorningAmerica.com*, April 2, 2019, accessed July 20, 2021, https://www.goodmorningamerica.com/culture/story/years-husbands-death-celine-dion-shares-advice-overcome-62099061.

為什麼要戀愛
Wired for Love

戀愛筆記

為什麼要戀愛
Wired for Love

戀愛筆記

戀愛筆記

戀愛筆記

科學文化 224

為什麼要戀愛
情愛、孤獨與人際關係

Wired for Love
A Neuroscientist's Journey Through Romance, Loss, and the Essence of Human Connection

原著 —— 史娣芬妮·卡喬波（Stephanie Cacioppo）
譯者 —— 張嘉倫
科學文化叢書策劃群 —— 林和（總策劃）、牟中原、李國偉、周成功

總編輯 —— 吳佩穎
編輯顧問暨責任編輯 —— 林榮崧
封面設計暨美術排版 —— 江儀玲

出版者 —— 遠見天下文化出版股份有限公司
創辦人 —— 高希均、王力行
遠見·天下文化 事業群榮譽董事長 —— 高希均
遠見·天下文化 事業群董事長 —— 王力行
天下文化社長 —— 王力行
天下文化總經理 —— 鄧瑋羚
國際事務開發部兼版權中心總監 —— 潘欣
法律顧問 —— 理律法律事務所陳長文律師
著作權顧問 —— 魏啟翔律師
社址 —— 台北市 104 松江路 93 巷 1 號 2 樓

讀者服務專線 —— 02-2662-0012 ｜ 傳真 —— 02-2662-0007, 02-2662-0009
電子郵件信箱 —— cwpc@cwgv.com.tw
直接郵撥帳號 —— 1326703-6 號 遠見天下文化出版股份有限公司

製版廠 —— 東豪印刷事業有限公司
印刷廠 —— 柏晧彩色印刷有限公司
裝訂廠 —— 台興印刷裝訂股份有限公司
登記證 —— 局版台業字第 2517 號
總經銷 —— 大和書報圖書股份有限公司 電話／02-8990-2588
出版日期 —— 2022 年 12 月 23 日第一版第 1 次印行
　　　　　 2024 年 8 月 22 日第一版第 6 次印行

國家圖書館出版品預行編目(CIP)資料

為什麼要戀愛：情愛、孤獨與人際關係/史
娣芬妮.卡喬波(Stephanie Cacioppo)著；張
嘉倫譯. -- 第一版. -- 臺北市：遠見天下文化
出版股份有限公司, 2022.12
　　面；　公分. -- (科學文化；224)
譯自：Wired for love : a neuroscientist's
journey through romance, loss, and essence
of human connection
ISBN 978-626-355-025-4(平裝)

1.戀愛　　2.孤獨感　　3.人際關係

544.37　　　　　　　　　　　111020537

定價 —— NT400 元
書號 —— BCS224
ISBN —— 9786263550254 ｜ EISBN —— 9786263550292（EPUB）；9786263550308（PDF）
天下文化官網 —— bookzone.cwgv.com.tw

本書如有缺頁、破損、裝訂錯誤，請寄回本公司調換。
本書僅代表作者言論，不代表本社立場。

天下文化
BELIEVE IN READING